De klant is geen koning

ANDRÉ
TROOST

DE KLANT IS GEEN KONING!

Met dit boek kun je
je winkel redden!

RETAIL
DENKERS

© 2014	Retaildenkers, Het Boekenschap
Titel	De klant is geen koning
Ondertitel	Met dit boek kun je je winkel redden
	Vorige ondertitel (1e en 2e druk): Meer plezier en omzet in je winkel
ISBN	978-94-90085-23-0
Druk	5e druk, juni 2014
	(1e druk: oktober 2012, 2e druk: december 2012,
	3e druk maart 2013, 4e druk, september 2013)
NUR	801

Trefwoorden: service, retail, visie, management, marketing, ondernemen, klantgerichtheid

Dit boek is een uitgave van Retaildenkers, mediafonds voor klantgericht ondernemen
Retaildenkers is een imprint van Het Boekenschap, www.hetboekenschap.nl

Uitgave	Retaildenkers / Het Boekenschap
Vormgeving	Het Boekenschap
Auteur	André Troost
Illustrator	André Troost
Fotografie	Maarten Koch
Drukwerk	Grafistar
Omslag	Robert Bakker en Natascha van der Steen (Verheul Communicatie)
Adviezen	Paul 't Mannetje, Gerjan Apeldoorn, Wouter van der Meijde, Rupert Parker Brady, Maarten Beernink, Heidi Troost

Opgedragen aan al het winkelpersoneel dat even vergeten is dat klanten de leukste menselijke wezens zijn. Zelfs als ze dat niet zijn.

Inhoud

Brief van de professor

Beste André,

De klant is inderdaad geen koning, want je bent onderdanig aan de koning. Je mag praten als hij dat goed vindt en voor de rest moet je luisteren. Een koning leeft ook in een eigen wereld, ver weg van het aardse gepeupel. Af en toe spreekt hij zijn volk toe via een balkon of de (massa)media. Een man in zijn eigen wereld met weinig werelds besef. Zo wil ik de klant van vandaag inderdaad niet noemen, eerder de winkelier van vandaag. Passief, afwachtend in zijn winkel, hautain de klant te woord staan, die het eigenlijk niet begrepen heeft en blij moet zijn dat hij bereid is hem te helpen (of haar te helpen). Niet vreemd natuurlijk dat dit in deze tijd niet meer werkt.

Juist tegenwoordig mag emotie weer

Koningshuizen hebben dit ook begrepen en worden weer menselijker. De koningin van Engeland toont opeens emotie en gaat het hele land door om dicht bij het 'volk' haar zestigjarig kroningsfeest te vieren en het volk leeft mee. Ook Nederland

leeft mee met de vreugde en het recentelijke verdriet van het koningshuis. Maar het koningshuis toont ook haar emotie, vraagt om privacy als het nodig is en deelt haar gevoelens met het volk, zoals het volk ook haar gevoelens met het koningshuis deelt.

André, jij trekt de analogie tussen de klant en het koningshuis en jij stelt ook terecht dat de klant geen koning is. Immers: dan zou er een afstand zijn tussen de winkel en de klant, en dan zou emotie geen rol mogen spelen in de verhouding tussen klant en winkelier. Maar dat is juist niet het geval. Juist tegenwoordig mag emotie weer, is emotie een verdienste, want door emotie toon je je gevoelens en laat je je van je menselijke kant zien. Huilen en lachten hoort bij het leven.

Maar ook, en vooral in Nederland, is er naast wederzijds respect ook gelijkheid. Wij zijn het meest genivelleerde land in

Klanten zijn gelijk aan de winkelier

de wereld, waaruit toch duidelijk onze sociale instelling blijkt. Iedereen is gelijk in zijn eigen waarde. Dus ook de koningin is een van ons, evenals de sociaal zwakkeren, ouderen en jongeren. Zo zijn klanten ook gelijk aan de ondernemer, de winkelier of wie dan ook. Wederzijds respect en begrip, daar draait het om in ons leven. Juist door internet is deze gelijkheid ook in het koopproces gekomen, juist door internet is er een kennisgelijkheid gekomen tussen klant en winkelier. Dat is goed, maar dat betekent wel dat de rollen veranderd zijn.

Klanten weten veel, zo niet alles wat nodig is voordat er gekocht gaat worden.

- Niet langer hebben wij een winkelbediende nodig die ons vertelt wat wij nodig hebben, die alles van de producten afweet, die ons overlaadt met verkoopargumenten.
- Niet langer willen wij de zogenaamde koning zijn, terwijl wij in werkelijkheid de luisterende partij zijn en zij de pratende partij, zoals de koning ook is.
- Niet langer zijn wij afhankelijk van de winkelier die aan ons verkoopt, maar door internet gaan wij bepalen wat en waar wij willen kopen. Eigenlijk is er nu sprake van een rolwisseling. Wij, de klanten, gaan praten, wij gaan vertellen wat wij willen en wat wij daarvoor over hebben.
- Niet langer is het de winkelier die nog bepaalt welke prijs wij moeten betalen voor producten; wij bepalen zelf wel waar wij welke producten voor welke prijs willen kopen.
- De winkelier moet leren luisteren naar ons, zich afvragen

waarom wij in de winkel komen en wat de motieven kunnen zijn om te kopen.

- De winkelier moet óns motiveren om bij hem te kopen. Goed luisteren, goed inspelen op onze wensen en bovenal ons motiveren door toegevoegde waarde te leveren. Door internet is er niet alleen een informatiegelijkheid gekomen, een alternatief voor het kopen in een winkel, maar tegelijk zijn wij ook mondig geworden, veel mondiger dan de gemiddelde winkelier.

Er is sprake van een wisseling van de macht. Wel leuk hoor, de klant is koning, maar zo was het echt niet. Er was eerder sprake van dictatorschap van de winkelier. Die bepaalde het aanbod in zijn winkel, die bepaalde de prijs en de openingstijd wanneer wij mochten kopen en die is nu verontwaardigd dat wij besluiten om niet meer naar de dictator te luisteren. Wij bepalen nu zelf het koopmoment en onze koopmotieven. Eigenlijk zijn wij nu pas koning geworden en is de winkelier ons volk, onze onderdaan.

Wij gaan zorgvuldig met onze macht om, wij luisteren naar de winkelier zoals hij naar ons moet luisteren. Wij geven hem een kans om in te spelen op onze wensen en behoeften, wij geven hem een kans om echt te communiceren met ons. Communiceren bestaat uit praten en luisteren. Dus, winkelier, ga eerst naar ons luisteren voordat je begint te praten. Besef dat wij de macht in handen hebben, maar deze macht ook graag willen delen. Door internet hebben wij een platform gevonden voor commu-

Winkelier, luister eerst eens voor je begint te praten

nicatie, voor 'grouping', wat kan leiden tot machtsmisbruik en motivatie om te kopen. Maar het liefst kopen wij toch bij die winkelier die ons echt begrijpt, die echt inspeelt op onze wensen, die luistert, service biedt en er ook voor ons is als wij dat willen. Wij gunnen deze winkelier zijn prijs, zijn winst en zijn bestaan. Maar de échte winkelier begrijpt dat ook, doet er wat aan en zorgt ervoor dat hij er ook voor ons is, in zijn winkel, op internet, in social media of waar wij ook zijn. Een echte winkelier is een ondernemer, een jager die niet passief afwacht, maar pas rust als zijn klant tevreden is.

Dit boek laat dat ook zien in veel tips, met veel anekdotes en is hopelijk een eyeopener voor de echte ondernemer. Of eigenlijk juist niet, want de echte ondernemer wist dit natuurlijk allang!

Prof Dr Cor Molenaar
cor@cormolenaar.nl

Auteur van onder meer *Red de winkel!*

Hoi Cor,

Je vliegt het onderwerp wat anders aan. Prima. Maar de winkelier als 'dictator' gaat mij wat ver. Dat doet me denken aan de uitspraak van Henry Ford van de auto's: *'Any customer can have a car painted any colour that he wants so long as it is black.'* En dat is toch al van voor de oorlog. Genoeg stof om nog eens over door te filosoferen. Dank voor je voorwoord.

André

Paul 't Mannetje

Of je nu Winkel- en Theaterman André kent vanuit theater-programma's of powerspeeches... Je hoort hem spreken als je dit boekje leest. En dat op zijn unieke wijze en met een unieke inhoud! Na het lezen weet je weer waarom je dit mooie mensen-vak hebt gekozen en besef je dat jij zelf bepaalt of er toekomst voor je winkel is.

Paul 't Mannetje
Retailexpert

Dit is een slecht geschreven boekje

Niet de inhoud. Daar sta ik voor. Maar is de taal, de zinsbouw en de opbouw wel helemaal volgens 'het boekje'? Dat is het niet. Had ik dus een ghostwriter in de arm moeten nemen die mijn gekreukte schrijftrant glad had moeten schrijven? Die mijn kronkelende gedachten over winkelverkoop die alle kanten opschieten, had kunnen kanaliseren? Ik heb het overwogen. Maar niet gedaan. Gelukkig niet. Nu is dit boek al aan de derde druk toe!

Want opeens kan zo'n boekje dan een zo-als-het-hoort-boekje worden. En we doen al zoveel zoals het hoort. Routine, ook in winkels. Dit boekje gaat er juist over om de dingen in winkels ánders te doen. En daarop gespitst te zijn, wat veel meer werkplezier oplevert. Plezier met klanten. Klanten blij boodschappen laten doen. Een blijde boodschap* dus, wat meer omzet oplevert!

Een boekje over verkoop in de winkel? Het winkelstraat-tijdperk zit toch in zijn laatste fase? Wel als je blijft doen wat je altijd al deed. Dán is internet een bedreiging. Durf het dus eens anders te doen. Mét je persoonlijke kwaliteiten en mét sociale media. Ik wens dat dit boekje jou meer doet durven.

Gebruiksaanwijzing

Weet je hoe vervelend het is eerst de gebruiksaanwijzing van een nieuwe tv te lezen? Daarom houd ik het kort:

1. Lees de hoofdstukken in volgorde. Anders ga je dingetjes misschien niet snappen.
2. Lees niet achter elkaar door. Af en toe ademhalen.
3. Lees de onderstreepte zinnen twee of drie keer.
4. Durf de vraag aan het eind van een hoofdstuk ook écht te beantwoorden.
5. Achterin staat een verklarende woordenlijst voor woorden met een sterretje.

Zo. En dan nu de stekker erin!

1 De klant is geen koning

Welk gedrag roept een bezoek van een koning bij je op? Je netjes gedragen. Protocol. Lachen en glimlachen. Buigen als een knipmes. Altijd dit doen. Nooit dat doen. Niet voor je beurt praten en altijd u zeggen natuurlijk. Da's logisch.

Stel je nu voor dat je elke klant als koning zou behandelen met deze en andere gedragsregels. Dan zou je je werk in een keurslijf* doen. En hoe mooi het ook lijkt: het is nep. Het is gemaakt. En ook al lijkt het van de buitenkant wel wat... (de ijzige glimlach) je straalt iets anders uit. Iets onechts. En dat creëert afstand, wat wordt gevoeld. Niet erg voor een koning, hij weet niet beter, maar wel voor een klant. Afstand is precies wat een koning oproept en exact wat we bij winkelverkoop moeten mijden als de pest: afstandelijk gedrag.

Vanuit de winkelgeschiedenis snap ik het wel. Voor de klant doe je alles. Denken vanuit de klant heeft in de jaren 60 postgevat. Overgewaaid uit Amerika. We hebben veel van die lui kunnen leren. We leerden naar de wensen van de klant te luisteren. En begonnen de productie daarop af te stemmen. Voor de verkoop betekende dit dat de klant op het schild werd geheven en tot koning gekroond. 'De klant is koning' heet het sindsdien. In die tijd prima. *Inmiddels kolder!*

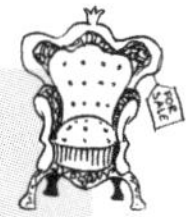

Op een winkeltraining besprak ik* met een deelneemster een verkoopsituatie vol irritaties. Het ging over een niet goed ingenomen herenbroek in een duurdere modezaak. Daar doen ze dat nog, een broek innemen. Het was voor de vader van een bruid die de dag erna zou trouwen. Er was dus haast geboden en het moest opnieuw. Dus een extra ritje naar het naaiatelier, de tijd, de extra moeite, koerierskosten... Volgens de winkel lag de fout bij de klant. Toen ik vroeg hoe het was afgelopen verzuchtte de deelneemster: 'Tja... je doet het maar weer... want de klant is koning.'

Aan haar verhaal en gezicht zag ik dat dit precies het gedrag is waarom klanten geen koningen moeten zijn. Je schikt je als verkoper, want de regels schrijven het voor. Je plakt er snel nog een mooie tandpastaglimlach op, zegt dat het niet geeft, en als de koning vertrokken is scheld je hem de huid vol. Alsof dat laatste al niet gevoeld werd tijdens het verkoopgesprek. *Je koppelt je gedrag dus los van hoe je bent of wilt zijn.*

Hoe vaak ik het argument (de klant is koning) in mijn trainingsjaren al niet heb gehoord. En haast altijd gecombineerd met een tegenzin om iets extra's voor een klant te doen.

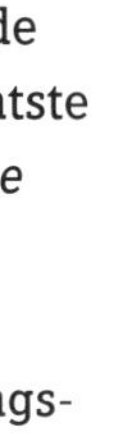

De bakkerspeciaalzaak. Het was redelijk druk. Mijn oudere collega Tonny, al zo'n twintig jaar fulltime in de winkel, trof een wat vervelend oud vrouwtje, die uit routine twee halfjes licht volkoren bestelde. Het werd door Tonny gesneden en ingepakt op de toonbank gelegd. 'Anders nog?' Het oude vrouwtje schrok op uit haar staren en zei: 'O, het is voor de diepvries. Ik wil het over drie zakjes verdeeld.' Even staarde Tonny haar strak aan. Toen schoten haar ogen naar de drukte in de zaak en besloot het maar snel op te lossen met een ijzig 'natuurlijk.' De ijzigheid werd voelbaar bij de klanten achter het mevrouwtje. Zakjes openscheuren en verdelen over drie nieuwe zakjes. Daarbij viel een kapje op de grond. Het vrouwtje zag het, maar zei niets. Tonny zag het en zei niets. 'Anders nog?' vroeg Tonny routineus. 'Hoeveel?' bitste het vrouwtje. Er werd afgerekend. En zonder groeten liep het vrouwtje weg. 'Wat een naar mens,' zei Tonny op een klantloos winkelmoment. 'Altijd moeilijk doen dat mens. Maar ja, je moet het doen. Klant is koning.'

Je kunt de klant een koning vinden, maar er als een vijand mee omgaan. De irritatie bij Tonny was voelbaar. Met een zucht en wrang lachje begon ze aan de volgende klant. In de hoop bevestiging te krijgen van haar irritatie. Maar die kreeg ze niet, zag ik.

Als Tonny een poging had gedaan deze klant blij te maken, had ze kunnen zeggen: 'O, voor de diepvries. Dan zijn een paar sneetjes per keer inderdaad handig. Misschien heb ik nog wel diepvrieszakjes. Kijken of ik die nog heb.' Klanten moeten iets langer wachten, maar zien ook de service die verleend wordt. En als het opnieuw verpakt is: 'Zo heeft u elke dag vers brood. Da's prettig hè?' En Tonny had de voldoening gehad aan het blij maken van een mens.

Tonny was het type dat ik nog geregeld in winkels ontmoet: vijftigplussers en vastgeroest in oude standpunten. De koning dienen doet ze verzuren. Maar ze houden vol. Met tandpastalach. Ze slijten hun winkelleven tot het pensioen erop volgt. Verdord en afgemat door al die koningen. (Zou mijn Tonny nog leven?)

Een mevrouw-de-verkoopster in een tassen- en kofferwinkel. Statisch. Helemaal plooiend naar de klant. Vooral niet het risico lopen iets te zeggen wat verkeerd valt. Ik zie haar nog voor me. Altijd voorzichtig zijn. Want dat ligt gevoelig bij een koning. *Wees liever saai, dat is veilig!*

Of een appel-etende verkoopster. De koning komt binnen. Je schiet in de houding. Maar hebt toevallig wel je mond vol. Oei. Wat nu? Rooie kop. Wegmoffelen. Want de klant is koning. Schemadenkers: je moet begroeten. Je moet u zeggen. Een zekere vorm van angst als je het niet doet. En een vorm van veiligheid als je het wel doet.

Deze en andere types ga je tegenkomen in dit boekje. Geniet ervan en spiegel jezelf. Hoe doe ik het? Ik pleit ervoor ons te beoefenen in het los komen van 'De Klant is Koning'-gedachte. En het zoeken naar écht contact.

- Dood aan Koning-Klant! Tussen koning en onderdaan zit afstand.
- Afstandelijkheid is wat je juist uit moet bannen in je winkel.

Vraag

Eerlijk zijn voor jezelf: wanneer gebruikte jij nog de-klant-is-koning-gedrag? Terwijl je de klant een lastpak vond...

2 'De blijde boodschap'

Dingen hebben. Dingen kopen. Koopkracht. Zo gauw de economie weer wat aantrekt is een groot deel van onze bevolking weer bereid geld uit te geven. Spullen en spulletjes. Daar worden we blij van. We willen blij boodschappen doen. Zelfs als de economie nog even tegenzit, heeft men spullen nodig. Is men bereid te kopen. Zichzelf te verblijden. Zeg eens eerlijk: hoeveel 'dingetjes' heb je in huis die je nauwelijks of niet gebruikt? Of die je bij een verhuizing terugvindt en met licht verwijt aan jezelf in de doos 'kringloop' stopt? Dat verwijt aan jezelf is echt niet nodig. Want kopen is fijn. Met 'hebben' is niets mis. Toen je het ooit kocht werd je er blij van.

> Ik vroeg aan een collega, toen we na een gesprek aan de keukentafel een glaasje dronken in zijn woonkamer: 'Zo, een leuk wandje boeken heb je. En allemaal gelezen?' Hij antwoordde zonder enige gene: 'Natuurlijk niet.' Toch weet ik zeker dat hij boeken blijft kopen. Natuurlijk met de bedoeling ze te lezen. Maar ja...

Iets willen bezitten is een groot verlangen van een mens. Zonder psycholoog te zijn weet ik dat wanneer je op het punt staat iets te kopen, je zintuigen extra gevoelig zijn. Extra open staan. Dan wordt het ding van jou. Dan wordt je verlangen vervuld. Dat kan zijn bij een kilo kaas maar ook bij een afwasmachine. Een meewarige blik van een verkoper op dat moment kun je je dagen later nog herinneren. Het kan als een obstakel tussen jou en je verlangen inkruipen. De aankoop en het genot daarvan verstoren. Een belangrijk moment dus. Ook voor de verkoper*. Of als je in een modezaakje een antwoord krijgt als: 'U bedoelt met zakken erop? Dat is helemaal uit.' Zo'n opmerking hakt erin: 'Dus ik ben uit! Ik ben niet bij de tijd...' Dit is een vorm van klanten niet blij maken. Geen blijde boodschap dus.

We denken te vaak dat een klant een artikel komt kopen. Terwijl tijdens de verkoop eerst iets anders verkocht moet worden. Namelijk jijzelf. Natuurlijk scheelt het of er een plakstift of een auto gekocht wordt, maar dat doet niets af aan het feit dat jij persoonlijk klanten blij kunt maken. Jij bent zelf onderdeel van de aankoop. Jij bent een product. Verkoop je producten inclusief jezelf. Wees een 'blijmaker'*. Als je je richt op het plezieren van klanten, dan ben je ook de hele dag met jezelf bezig: jezelf te plezieren. Wees egoïstisch en denk aan jezelf! Maar dit ontdek je pas als je je richt op het blij maken van klanten. Niet als je doet wat je toch altijd al deed. WDSP!*

Moe, maar met een glimlach naar huis gaan. Hoeveel voldoening geeft dat? Omdat je klanten een blijde boodschap hebt laten doen. En te weten dat jij steeds meer terugkerende klanten krijgt. Want dat doen ze, die klanten. Jij zelf bent ook klant en keert terug naar winkels waar je lekker hebt geshopt, een prettige ervaring hebt gehad. Je begint het winkelpersoneel te kennen. Wat leuk.

Een bekende anekdote verhaalt van een gast die kwam eten in een toprestaurant. Op woensdag. Je weet, zien eten doet eten, dus vroeg de *aide de cuisine*: 'Wilt u een

tafeltje aan het raam?' 'Nee liever niet. Ik hou van een achteraf plekje.'
De zaterdag daarna kwam deze gast weer eten. En weer vroeg de *aide de cuisine*: 'Wilt u een tafeltje aan het raam?' Hij zat in een commerciële routine en was niet gericht op de persoonlijke wensen van de klant. Dan had hij zich zijn gast herinnerd en wist hij dat de man niet voor het raam wilde zitten. Dit heeft er aan bijgedragen dat het restaurant dat jaar een ster verloor. Die gast was een mysteryguest van Michelin.

Onlangs sprak ik een collega, zo'n jongen die alle managementboeken eet. Toen er wat boektitels gepasseerd waren zei hij met een zucht: 'André, ten diepste gaat het eigenlijk altijd maar over één ding: contact. Écht contact maken.'
Amen.

- Verkoop jezelf, inclusief het product.
- Klanten blij maken geeft jezelf veel voldoening.
- Hoe beter je een klant kent, hoe blijer je hem maken kunt.
- Klanten plezieren is een vak.
- Lees niet verder als je denkt dat je dat vak geheel beheerst.

Vraag

Vraag je wel eens aan een terugkerende klant of hij/zij tevreden is over het gekochte artikel?

...VERKOOP EERST JEZELF...

3 Lang leve de nieuwe media!

Wat wordt er gemopperd over het verdwijnen van de winkels! Leegstand alom. Zeker. En ik zal de laatste zijn die er de schouders over ophaalt. Omdat ik winkelgek ben.

Een goede maat van me is tussen Kerst en Oud en Nieuw met zijn vrouw op zoek geweest naar een nieuwe hoekbank. Woonboulevards afsjouwen. Ik besef opeens dat het een vage kennis is, want mijn vrienden doen zulke dingen natuurlijk niet op dit soort dagen. Zij keerden terug naar een winkel waar ze die dag ervoor een bank hadden zien staan die wellicht kans maakte. Maar waar stond dat ding ook alweer? Dus een verkoper gevraagd, die hen voorging en na een eind sjouwen in de immense toonzaal hen een bank aanwees. 'Is dit 'm?' vroeg de man. Het was hem. 'Fijn zo', sprak de verkoper vriendelijk en liep terug naar zijn balie.

In de paar dagen dat mijn maat achter een bank is aangeweest heeft hij vier maal soortgelijk verkoopgedrag gezien. Gefrustreerd kwamen ze terug. Wie durft er nog te mopperen over concurrerende internetverkoop! Als je zó kansen laat liggen! Webwinkels. Daardoor verdwijnen straatwinkels. Cor Molenaar doet wat voorspellingen in zijn boek *Het einde van winkels,* de

voorganger van zijn nieuwe bestseller *Red de winkel!* 'Misschien wel de mijne' heb je al wel eens gedacht. Niet uitgesloten. Ook ik koop wel eens via internet. Maar als je enige reactie op deze ontwikkeling is: 'Dat kost mij m'n winkel', dan kost het je ook je winkel! Dan ga je het niet redden, gooi je de handdoek al in de ring en laat je je dooddrukken. Je ziet het gelaten aan. In het verhaal hierboven: je sjokt terug naar je balie en laat een potentiële klant het zelf uitzoeken met z'n hoekbank. Zij die gaan sterven, groet ik.
Ik ben als winkelliefhebber erg begaan met de pappa-en-mamma-zaken. Driekwart van hun leven hard gewerkt om de winkel te maken tot wat het nu is. Ik hoorde zo'n verhaal: achtduizend euro in de maand huur voor een goede locatie, drie fulltimers in dienst want de winkel moet steeds langer open. Hebben we het nog niet over verzekeringen, pensioenopbouw, opslag enzovoort. En dat clubje wordt nu vertrapt door de nieuwe media.

Ik heb daar twee dingen op te zeggen.

1. Of je het leuk vindt of niet: lang leve de nieuwe media! Internet gaat lang leven, dus... doe er iets zinvols mee. Nog nog te veel winkeliers laten het liggen. Wat zeer voor de handliggende suggesties:

- Een actieve site, met gekke aanbiedingen.
- Een www.adres op je winkelruit, ook te lezen ná sluitingstijd.
- Internet in je winkel waarmee je samen met klanten artikel- en prijsvergelijk kunt doen.
- Wat is toepasbaar voor jou? QR codes? Point-Know-Buy? Is in opkomst. En als je dit boekje leest zijn er vast al weer nieuwe techniekjes. Blijf bij.
- Na een maand via Facebook een klant vragen of de nieuwe tv naar de zin is.
- Ik weet van een boekwinkel die een actieve website heeft

en de boeken als een pizzakoerier (goedkoop studentje) thuisbezorgt. Fantastisch!

- Met je hele winkelstraat eens een plan maken... Een alternatieve belevingscursus doen... of... Niet ieder voor zich.
- De klant staat in een winkel. Voert daar een product en prijs in z'n iPhone en verzendt. Hij krijgt direct een goedkopere aanbieding van de concurrent. Dat laat hij zien. Wat doe je daarmee? Mopper niet. Bepaal je strategie!

Dit gebeurt om je heen. Ga meedoen. De investering zal winstgevend zijn. Wat rustiger in de winkel, wat drukker op het net. Leuk om je op te storten? Misschien wel, waarschijnlijk niet, anders deed je het al. Besteed het dan uit. Dat kost geld. Gelaten afwachten tot de hype over is kost meer. Het is geen hype. Het gaat niet over. Eens in de tijd verbouw je het interieur van je winkel. Dat kost geld. Maar het interieur is zó passé, dus doe je het. Wat een kick geeft als je positieve klantreacties krijgt wanneer het af is.
Het is nu tijd om je winkel te verbouwen: door nieuwe media te koppelen aan je winkel. Blended shopping.* Dat kost geld. Maar een winkel zonder website wordt zóó passé, dus doe je het. Wat een kick geeft als je meer verkoop genereert wanneer het af is.

2. Een tijdje geleden sprak ik een opdrachtgever, een bobo van Brabantia. Leuke, hartelijke vent. Net terug van vakantie op Sicilië. In Zuid-Italië is uit eten gaan een stuk goedkoper dan hier. Zo'n dertig procent. Hij vertelde:

'Dus doe je dat sneller dan zelf te gaan kokkerellen. Die uitbater van een tentje waar ik zat met mijn gezin wist de hapjes lekker aan te prijzen. Een ditje voor, een datje na. Nog een karafje voor meneer waarbij hij enthousiast op een regiokaart aan de muur aanwees waar de wijn vandaan kwam. Niet eens zo ver van de plek waar we

zaten. En nog nooit zo lekker in de nagerechten gedoken: affocato, zuccotto, scropino... We kwijlden al als die Italiaan het beschreef...
Dus wat gebeurt er? Je blijft langer zitten, want het contact is leuk. En gezellig. En persoonlijk. En het enthousiasme van de man doet iets met je, wat precies weet ik ook niet. En uiteindelijk besteed je meer dan aan een etentje in Nederland. Weet je André, wat je bij ons zo weinig meer tegenkomt? Aandacht. Echte aandacht voor klanten.'

Aandacht! Of noem het passie, hoewel dat een modewoordje is. Hartstocht dan. Of liefde. Betrokkenheid. Gedrevenheid is ook mooi. Dynamiek. Elan. Geestdrift. Enthousiasme... Dát is wat een winkel bieden kan. Alleen: wat zie je er van terug in de Nederlandse winkels? Te weinig echte aandacht. Iedereen heeft het over passie, maar wie heeft het echt nog in zich? Ingedaald in de hartstreek? Spullen kunnen we overal kopen. Maar de kracht van een winkel is de performance van het personeel.

Veel mensen kopen via internet. Toch zijn er nog winkelstraten vol met winkelende mensen. Wat doen die daar? Wat is de reden om de stad in te gaan als internet je alles biedt? Juist: winkels moeten iets bieden wat internet niet biedt. De vraag stellen is hem beantwoorden: Aandacht. Hoeveel persoonlijke aandacht krijg je van de webwinkel op je pc?

Een klant gaat niet de stad in om aandacht te kopen. Hij gaat voor spullen. Maar de aandacht (lees: betrokkenheid, echtheid, plezier, enthousiasme) gaat hand in hand met het artikel dat men zoekt. Onbewust is dat de trigger om de kou in te gaan. Winkels op te zoeken. Mensen te ontmoeten. Vergeet niet: een mens is een sociaal wezen. *Richt je niet op verkoop. Richt je op mensen.* Op betrokkenheid. Daar heeft internet toch wat moeite mee.

Heel handig zo'n webwinkel, maar het blijft koud contact. Eénrichtings-emotie.

Er zijn allerlei factoren die je winkel kunnen tegenwerken. Van een verpauperde locatie tot hoge lasten tot ondeskundig personeel. Allemaal waar. Maar geef deze zaken nooit alléén de schuld als je zelf niet hebt bijgeleerd in gedreven verkoop. In het contact maken met klanten. Het blij maken van klanten. En daar je werkplezier uit halen.

Niet somberen. Er lopen dagelijks en vooral in het weekend, miljoenen mensen door de winkelstraten. Die doen niet alles opeens via internet. Shoppen blijft leuk, als jij het in je winkel leuk weet te maken! Dit boekje gaat je helpen.

- ➾ Voed niet het mopperen, want je verzuurt. Wat je voedt, groeit.
- ➾ Stop energie in (voed) nieuwe mogelijkheden.
- ➾ Doe zelf iets zinvols met nieuwe media. Koppel het aan je fysieke winkel. Blenden.
- ➾ Wil je zelf niet? Huur het in. Het verdient zich terug. Voor mijn part een student.

Vraag

Heb je ooit een site gemaakt voor je winkel? Werkt 'ie of slaapt 'ie?

4 Internetluchtje

Mijn dochter van negentien heeft er ook een handje van: in de winkel de adviezen vragen en op internet kopen. En neem het haar eens kwalijk, kind van deze tijd. 'Maar,' vertelde ze, 'als de verkoper echt goed advies geeft, dat ik merk dat hij me blij wil maken met zijn product, dan koop ik het toch bij hem. Dan laat ik die paar euro verschil maar zitten.' Ze dacht even na en voegde eraan toe: 'Dan gunt hij mij het ding gewoon. En dat voel je. En dan gun ik het hem ook dat ik het ding hier koop, en niet op internet.'

Kijk eens aan, de wet van de wederkerigheid: ik gun je dit product, dan gun ik jou de verkoop. Er is nog zo veel leuks te leren in de winkels van ons land.

Om nu de hele familie ten tonele te voeren... Maar ja, het gebeurt gewoon vlak om me heen. Het gaat nu om de zoon van vijftien. Hij die mij vaak als achterhaald beschouwt: 'Ik snap niet dat u nog cd's koopt.' 'Ik snap niet dat u niet op Facebook zit.' Dat en meer. En de argumenten die ik ervoor heb om bepaalde internet-dingen niet te doen, bereiken hem voor geen meter.

Hij vroeg me mee een nieuw mobieltje te kopen. Natuurlijk wist hij al wat hij wilde; hij kende zijn budget en had via internet al een vergelijkend onderzoekje verricht. De verkoper was een jonge Marokkaanse gozer met een cap op, schuin naar achter. Dat laatste had iets nonchalants, alsof het er allemaal niets toe deed. Maar toen...

De gozer deed het naar mijn smaak voortreffelijk. Aanspreken, maar niet nekhijgerig. Wist een grapje te maken. Keek goed aan. Het was gauw vertrouwd. 'Heb je al een model ergens gezien? Welke?' 'Wat zijn de verschillen?' Goed doorvragen en kort wat uitleg geven. Niet te veel, want menig puber weet al veel. En toen mijn zoon twijfelde fluisterde de cap, alsof een collega niet mocht horen dat hij het toestel met de minste marge aanbood: 'Die HTC Desire vind ik echt een prettig ding.' En daarna: 'Kijk, die ander kan iets meer, maar is net te groot voor één hand.' En hij deed het voor.

Helaas maakte de jongen in zijn aanbieding een rekenfout. Het doosje was al van achter gehaald toen hij het ontdekte. Wat mooi was, dat ik echt aan hem zag dat het hem speet. En hij maakte zijn welgemeende excuus. Hij baalde voor ons. Dat proefde ik. Óf mijn zoon ging een tientje meer betalen per maand óf het werd toch een andere telefoon uit de serie. Zoon koos het laatste. Budget is budget.

Ik vroeg op de terugweg aan hem: 'Waarom heb je het nu hier gekocht en niet via internet?' 'Nou, als er dan wat mee is, of weet ik wat... dan kan ik hier terug.' Over prijsverschil had 'ie het niet meer.

Mijn kinderen zijn natuurlijk de ideale jongeren. Toch durf ik te stellen dat er nog veel te halen is in de winkelverkoop. Want ook jongeren zijn mensen met gevoel, angst en emotie... Het echt willen blij maken van klanten, het vertrouwen dat gewekt kan worden tijdens de verkoop, zeker bij producten met een onzekerheidsfactor*, de extra's die internet niet biedt, het persoonlijke, de humor; deze factoren spelen ook mee bij jongeren.

En dan het chagrijn dat je opmerkt bij sommige verkopers. Zij 'ruiken' dat iemand aan het informeren is, maar niet gaat kopen. En gooien dan hun eigen glazen in. Je ziet en hoort hoe deze winkellui de mensen onderkoeld en ingehouden te woord staan. Zo niet de winkel uitkijken. De gedrevenheid is weg. En als de niet-kopers zijn vertrokken, tegen een collega met enige minachting zeggen: 'Internettertjes'. Dit woord ving ik op in een middelgrote witgoedzaak. Dat was al een begrip in het team om deze niet-kopers te kenschetsen. En weg te kijken. De frustratie over dit soort klanten is begrijpelijk. Maar als dát de ondertoon is bij klantgedrevenheid, is het eerste contactmoment met de klant al argwanend. Dan heb je al verloren. Al de tips in dit boek donderen al om. En wees niet schijnheilig. Je bent zelf hip genoeg om ook via internet spullen te kopen. Dus niet klagen. Maar het spel spelen met open kaarten!

De sport is om klanten die van plan zijn op internet te kopen, te verleiden het bij jou te doen. Door bij een internetluchtje* de boel open te gooien. Probeer eens iets hartelijks als:

- 'Hadden jullie al wat informatie op het net gevonden?'
- 'Ik heb het idee dat jullie al wat gegoogled hebben. Prima!'
- 'Hebben jullie nog vragen waar je niet uitkomt?'
- 'Wat zijn de verschillen die jullie gezien hebben?'
- 'Welke sites heb je gekeken? Oké... laten we eens kijken.' En je gaat mét die klant surfen.

Dit zijn dus geen teksten om het de klant in te peperen! Juist niet. Vandaar dat 'de toon waarop' belangrijk is. En het feit dat internet gewoon een speler is die meedoet ligt eerlijk op tafel. Open! Zo kan het onuitgesproken woord 'internet' niet als een kwade geest boven het gesprek blijven hangen. Juist deze openheid en eerlijkheid, doet al wat in het persoonlijke. Daar begint de verleiding tot kopen al. Deze directe open benadering van jouw kant kan de klant wat ongemak geven. Een hij-heeft-ons-door-gevoel. Dit ongemak is goed. Want hier is sprake van het wederkerigheidprincipe. 'Hij gaat ons informatie geven, doet moeite, terwijl hij weet dat we niet willen kopen. Lullig.' Een prachtige basis om op door te bouwen.

Zie internet niet als vijand. Maar als een speler die je kunt tackelen of mee samen kunt spelen. En de beste spelers winnen!

Waar hoorde ik dit nu toch: een schoenenzaak die een bepaalde schoen niet kon leveren nam de klant mee naar de pc om op twee aan hun soort assortiment gerelateerde sites te zoeken. Je verkocht de schoen dan niet zelf maar hielp wel de klant! In twee jaar tijd verdubbelde de eigen omzet. De klanten kwamen namelijk heel graag bij hen terug! Het vertrouwen was versterkt door er zo mee om te gaan. Internet geeft écht kansen.

- Jouw open benadering, het echte persoonlijke contact is je sterkste wapen tegen internet.
- Dus geef niet zomaar korting! Geef jezelf.
- Welke voordelen wegen op tegen het (eventuele) prijsverschil?
- Als een klant je winkel in gaat, is er altijd een kans om tot verkoop te komen. Dus ga daarvoor. Telkens weer.
- Heb lol in dit spel. Interpret. Het is heerlijk de klant te verleiden. En bij het verleiden loop je af en toe een blauwtje. Het zij zo.
- De jeugd, jouw toekomstige klanten, het zijn ook mensen.

Vraag

Al begonnen de sociale media te intergreren in je verkoop?

5 'Maar ik doe niets'

Contact maken dus. Als je een klant helpt, heb je contact. Logisch. Maar is het écht contact? Zijn er twee mensen die elkaar 'raken'? Want daar gaat het om. Echt invloed hebben op elkaar. Als verkoper op de klant en hopelijk dan ook andersom. Daar gebeurt iets intermenselijks.

'Daar zitten mensen niet op te wachten. Ze komen iets kopen!' Je bent niet de eerste die dat opmerkt. En het is waar: ze komen iets kopen. Maar op een enkele kluizenaar, een boos-op-iedereen-en-de-hele-wereld-type of een psychisch gemankeerde na, is een mens een sociaal wezen. Die zelden een afkeer heeft van normaal intermenselijk contact. In meer of mindere mate. En in winkels wordt dát contact zo vaak vermeden. Of beperkt gehouden. Of gestandaardiseerd: 'Kan ik u helpen of kijkt u zelf even?' Dit zinnetje kan zeker, mits er bezieling in zit. Maar meestal is het doodgeslagen. Routineus. Heel Nederland zegt het inmiddels.

In een kantoorboekhandel stond een medewerkster (ouder dan twintig met springerig knotje) achter de toonbank iets onduidelijks met bonnetjes te doen. En 'op klanten te wachten'. Ik was een van die klanten, maar stond met m'n rug naar haar toe bij de tijdschriften. Een 'mevrouw de klant' kwam binnen, liep even rond langs

de schappen en vroeg: 'Heeft u ook dikkere stiften dan hier liggen?' Waarop het knotje heel vriendelijk zei: 'Alles wat we aan stiften hebben ligt daar, mevrouw.' 'Dus niet dikker dan dit?' vroeg de klant die een stift in de lucht prikte. 'Nee, helaas...' met echt een voorkomende glimlach. De klant liep nog even rond en verliet met een vriendelijk groetje de winkel.
Vanachter stapte de manager de winkel in en bitste cynisch tegen zijn medewerkster: 'En weer verlaat een tevreden klant het pand.' 'Maar ik doe niets!' riep het meisje. Waarop de manager zei: 'Deed je maar wat!'

Dit incidentje stond niet op zichzelf, schat ik in. Hier is al vaker tussen die twee over gesproken. Over wat ze allemaal fout deed. En los van het feit dat de manager mij even niet zag en dacht alleen met zijn medewerkster te zijn... ik geef hem groot gelijk. Om écht contact te maken met klanten moet je iets doen!
Stel dat het knotje iets gedaan had. Hoe had dat er bijvoorbeeld uit kunnen zien?

Klant: 'Heeft u ook dikkere stiften dan hier liggen?'
Knot laat haar bonnetjes de bonnetjes en komt naar de klant toe: 'Ik denk niet dat we ze dikker hebben dan deze. Waar heeft u ze voor nodig?'
Klant: 'Ik geef vanavond een startcursus en het is voor de naamkaartjes. En het is zo onpersoonlijk als je de namen niet kunt lezen...'
Knot: 'Je zou toch denken dat dit dik genoeg is. Hoeveel cursisten komen er?'
Klant: 'Tien of elf.'
Knot: 'Zullen we het eens even uitproberen wat een afstandje doet met deze stiften', terwijl ze naar toonbank loopt, een A4'tje uit een la haalt, haar naam erop

schrijft, het vel dubbelvouwt en neerzet. 'Moet u daar even blijven staan.'
Klant leest, giechelt: 'Monique. Zo heet je?'
Knot, met open gezicht: 'Voor vrienden Moon. Maar als ik bij u op cursus zou komen zou ik toch Monique opschrijven.'
Klant, met een lach: 'Nou, je bent welkom.'
Knot: 'Wat voor een cursus geeft u?'
Klant: 'Spaans.'
Knot: 'O, dat is niets voor mij. Ik heb wel mijn Engels eens willen ophalen, omdat ik een Engelse vriend had, maar dat heeft maar kort geduurd. (Lacht) Ik vind Nederlands al moeilijk genoeg. De spelling dan hè.'
Klant: 'Je hebt veel mensen met een tweede huisje in Spanje. En die willen toch een beetje meer dan dat ze al kunnen. Zeg doe maar vier van deze stiften.'
Knot, op weg naar een schap achterin: 'En voor naambordjes kunt u misschien die gekleurde A4-kartonnetjes gebruiken.' Ze laat de pakjes zien.
Klant: 'O dáár liggen ze! Ik wilde naar die freubel-winkel op de Acacialaan.'
Knot: 'Misschien in de kleuren van de Spaanse vlag?'
Klant: 'Da's best een leuk idee.... Eh... Ja. Dan doe ik een pakje rood en een pakje geel. Nou dat scheelt me een ritje.' 'Wacht, doe nóg maar een pakje geel. Voor mijn moeder. Ze maakt haar eigen wenskaarten.'
Na het afrekenen van 24,90 zegt Knot: 'Goede cursus en adieverdetsie.'
Klant: 'Dat moet ik fout rekenen: bedankt en hasta la vista!'
Deze twee lachende kennissen gaan elkaar nog vaker zien...

Verzonnen dialoog? Ja. Onrealistisch? Nee. Een gesprekje wat zomaar kan ontstaan als jij meer doet dan 'niets doen'. Doe meer dan niets doen!

➾ Doe iets met klanten.
➾ Wat je verkeerd doet, is dat je te weinig doet. WDSP*
➾ Uit écht contact haal je werkplezier.

(Verderop nog meer over vragen en doorvragen.)

Vraag

Wat denk je: ongeveer hoeveel procent van de klanten die van plan is iets te kopen, verlaat de winkel met lege handen?

6 Doe iets

Had ik je al verteld waarom écht contact 'DeMoederVanAlleVerkoop'* is?

Kijk eens even wat er in de voorgaande winkelsituatie van de dikke stiften gebeurt door *iets te doen*.

- Het geeft de klant een goed gevoel als je actief naar haar toekomt. De vraag wordt serieus en meteen behandeld.
- Ondanks een bijna nee-verkoop, brengt het doorvragen een gesprek opgang. 'Waar heeft u ze voor nodig?' Het geeft je achtergrondinformatie.
- En nóg eens doorvragen: 'Hoeveel mensen komen er?' (Ook hoofdstuk 15)
- Een kleine demo met een verzoek aan de klant mee te helpen: 'Moet u daar even blijven staan.' Niks klant is koning. Een vriendelijk bevel!
- Door haar eigen naam te gebruiken ontstaat er iets persoonlijks.
- Ze is nieuwsgierig naar welke cursus. En haalt daar weer logische informatie uit.
- Door al die informatie wordt het steeds gezelliger. Er wordt gegiecheld.
- Met die informatie kan ze nog iets extra's verkopen. Karton voor naamkaartjes.
- Ze heeft de blik verruimd van de klant: ze had al een andere

winkel in haar hoofd. Ze hebben hier dus meer dan ze aanvankelijk dacht. Dat nodigt uit tot vaker komen.
- In de echte winkelsituatie die ik meemaakte gaat mevrouw de klant de volgende keer meteen naar de freubel-winkel op de Acacialaan. Voor karton én stiften. En wordt dus geen terugkerende klant voor deze artikelen.

Doe eens gek: laten we een sommetje maken het laatste punt. Mevrouw de cursusleidster geeft vaker cursussen. Stel ze komt acht keer per jaar wat kopen aan cursusmateriaal: mapjes, doosjes pennen, kartonnetjes, stiften... en waar haar oog nog meer op valt. Voor privédoeleinden. Voor zeg eens zeventien euro per keer. Makkelijk sommetje: 136 euro, door maar even iets te doen! Winst! 136 euro die anders elders uitgegeven zou zijn. Alleen maar door het doorvragen van een verkoopster die uit is op écht contact.
En wat een verlies: vermenigvuldig dit eens met al die klanten die 'vriendelijk' worden geholpen zoals de Knot deed, maar zonder aankoop de winkel uitgaan. Dit gebeurt zo veel in Nederland...

Hebben we het nog niet eens over de spin-off: de freubelmoeder*. Wie weet komt die nu ook wel langs, want dat waren puike kartonnetjes die haar dochter meebracht...

Ik was met mijn jongste zoon een weekje op kastelenjacht door de Duitse Rijn- en Moezelvallei. In een klein geleend campertje. Na een paar nachten wildslapen* had mijn zoon een ernstige behoefte aan een douche en vooral een zwembad. Dus een camping gezocht. Bij de receptie van een camping troffen we een stevig gebouwde dame achter de balie met aardig wat plooi. Ik in mijn beste Duits, en die is niet best: 'Goedentag. Haben sie auf ihren Camping ein Piscine*?'

Zij, totaal neutraal, zonder een rimpel te verplaatsen: 'Ja dat hebben we. Een natuurbad.'
Ik: 'O, u bent Nederlands. (Met een lachje:) Sta ik helemaal mijn best te doen in mijn school-Duits...'
Zij, ons aanstarend: ...
Ik: 'Eh, natuurbad? Wat moet ik me daarbij voorstellen?'
Zij, vriendelijk: 'Als u recht de camping oploopt kunt u hem zien liggen.'
Ik: 'Eh... u bedoelt dat we even kunnen gaan kijken.'
Zij: 'Natuurlijk. Maar u kunt er alleen gebruik van maken als u hier kampeert.'
Ik: 'Oké. Dan gaan we maar even kijken.'

Toen we buiten stonden kwam mijn zoon van 15, die verder niet met klantgedrevenheid* bezig is, meteen met een opmerking over haar manier van doen. En het natuurbad lag er opeens niet zo welkom bij. We zijn op zoek gegaan naar een andere camping. Terwijl ze niets fout deed, toch?

Was ze bot? Niet echt. Beantwoordde ze onze vraag dan niet behoorlijk? Nee. Wees ze ons zelfs de weg? Ja. Informeerde ze ons over de randvoorwaarden? Ja. In theorie dus helemaal goed. En toch hartstikke fout! Want ze deed niets *in het contact*! Natuurlijk heeft ze dagelijks dit soort gesprekjes. Nieuwe Nederlandse gasten die haar in het Duits aanspreken. Hoe vermoeiend telkens voor haar. Akelig, een camping runnen. Een plek van gezelligheid en plezier. Al twintig jaar. 'Was ik maar nooit met Rudolff getrouwd.'

Je snapt het. Ze had *in kunnen haken* op mijn onhandigheid. Met een lachje kunnen zeggen dat mijn Duits best nog wel aardig klonk. Of met humor: 'Valt tegen hè, een Nederlandse campingbaas te treffen...' Of wat dan ook! Voor mijn part een standaard grapje. Dat had ze toch wel kunnen ontwikkelen in die twintig jaar. Alles beter dan dit. Ze liet het contactmoment kleurloos voorbijgaan. Ze had dit al zo vaak meegemaakt. Geen zak meer aan.

Maar vader en zoon zijn vakantiegangers, op zoek naar een leuke, aangename plek. Met zwembad. En komen maar één keer in gesprek met deze dame. Die niets deed. En, net als 'de Knot' in de kantoorboekhandel, omzet verloor.

- Iets doen levert meer winst op dan je zou vermoeden.
- Iets doen is 'een moment van de waarheid' (Zie hoofdstuk 10).
- Als je contactmomenten niet (meer) herkent: leer bij of stop met deze baan!
- Omdat contactmomenten niet gemaakt of benut worden verlaat circa zestig procent van de klanten in Nederland zonder iets te kopen een winkel (antwoord op de vraag van vorig hoofdstuk).

Vraag

Betrap je jezelf wel eens dat je moe wordt van klanten die steeds dezelfde (domme) vragen stellen? Hoe uit zich dat naar de klant toe?

7 Klantentypes

In de winkel van mijn buurtslijter stond jaren geleden een vijftigplusser die vermoedelijk ooit op een cursus heeft geleerd 'de klant ziet graag een lach'. Hoe waar ook, als schemadenker deed hij niet anders dan met een stijve lach al zijn klanten helpen. Toen ik vroeg of hij ook Bellegems Witbier verkocht, (ik had dat in de vakantie gedronken) zei hij met een wat-ben-jij-dom intonatie, maar wel met diezelfde stijve grijns: 'Nee, meneer. Dat hebben we hier natuurlijk niet. Daarvoor moet u in een bierwinkel in België zijn.' Ik had zin om hem een zet te geven. Krotenkoker!* Zijn schema was: je moet lachen. Maar het klopte niet met wat hij zei. Dodelijk.

Ik ben tegen klantentypes. In hoeverre je daar tegen kunt zijn. Je kent ze misschien wel uit de boekjes en trainingen: de funshopper, de specialist, de onderhandelaar, de koopjesjager, de twijfelaar, de behoudende klant, de haastige klant... En in een sjieker jargon heten ze dan het kind, de rechter, de volwassene... Help!

En dan alle kruisbestuivingen. Die behoudende klant, is ook een funshopper, tenzij die de kinderen van de crèche moet halen. Dan is het opeens een haastige klant en door het kind in hem wordt hij verleid toch een keer voor te dringen... Vroeger was ik druk bezig al die types in de winkel te onderscheiden. In plaats van *op een natuurlijke manier met klanten om te gaan* was ik ze aan het scannen en categoriseren. Ik verzoop erin!

In een supermarkt zag ik een jonge dertiger, goed en casual gekleed, typje moderne tandarts, met een vaartje door het klaphekje binnenkomen. Hij griste een boodschappenmandje mee. Hij negeerde de demonstratrice die hem een lekker hapje aanbood. De haastige klant dacht ik. Hij liep heel gericht het tweede gangpad in. Hij wist wat 'ie wilde. De volwassene. Toen ik een kwartiertje later de kassa naderde... stond hij uitgebreid met een oude buurman (ik luisterde af) te praten. Hoezo de haastige klant? Gelul!

Mijn vroegere schoonouders zijn best wel behoudend. In de winkel, in de omgang en in het verkeer. Het mag ook bescheiden heten. Toen schoonvader eens in een stilstaande file kwam te staan, nam hij toch opeens een stukje vluchtstrook naar de afslag die hij moest hebben. Slechts tweehonderd meter. En net op die tweehonderd meter werd hij met een bekeuring afgestraft (ik heb wel gelachen). Hoezo behoudend?

Omdat klanten telkens van gedaante wisselen heeft het geen zin ze vast te pinnen op één type. Maak van je klanten geen wassen beelden. Helemaal niet leuk ook.

's Avonds had ik in Hengelo een soort spreekbeurt voor winkelpersoneel en ik mag dan graag 's middags even rondlopen in het winkelgebied van de betreffende plaats. Ik loop er dan vaak nonchalant bij. Mijn mooie kloffie hangt dan in de auto te wachten. Opeens besefte ik dat ik mijn goede schoenen thuis had laten staan. En neerkijkend op de schoenen waar ik in liep zag ik de kale neuzen. Ik stapte willekeurig een schoenenzaak binnen, met het gevoel dat ik vroegtijdig maar gepermitteerd nieuwe schoenen mocht kopen. Daar had ik eigenlijk best zin in (verlangen). Ik zag de ogen van de verkoopster mij vliegensvlug van onder naar boven opnemen, waarop een ingehouden, koel 'Goedendag' volgde. Ik legde uit dat ik schoenen voor een voordracht van die avond zocht. En dat ik de mijne was vergeten. Ze deed mij verschillende voorstellen, en ik paste twee paar, in een overigens verlaten, doodstille winkel. Terwijl ik paste stond zij net zo stilzwijgend als de winkel, met de doos in haar handen te wachten, wat ons onderlinge en toch al broze contact niet tot een grotere hoogte promoveerde. Toen ik tevreden door de winkel rondstapte op het tweede paar (Van Bommels van driehonderd zoveel) vroeg ik of ze iets dergelijks had in een iets lagere prijsklasse. Haar antwoord was akelig duidelijk en nog iets koeler dan bij onze kennismaking: 'Nee meneer. Dan bent u in de verkeerde winkel.'
Voordat je dan die schoenen weer hebt losgepeuterd, ze terug hebt gegeven, haar blik weer hebt ontweken en je eigen paar hebt omgeknoopt duurt een eeuwigheid. Met een wederzijds knikje gingen we uit elkaar. Als mysteryguest zou ik er veel genoegen uit halen nog even te vragen of ik naar het toilet mag, maar dat heb ik maar niet gedaan.

Mijn nonchalante kleding bracht haar er niet toe enige extra moeite te doen. Ik was vastgepind op 'geen budget' en daarmee was voor haar de kous af.

Het is best moeilijk om iemand open tegemoet te treden. We zijn bijna allemaal opgevoed met vastgeroeste beelden en vooroordelen. Voor klanten geldt dan: oude mensen kosten tijd. Over-getatoeëerde mannen zijn aso's. Kauwgomkauwende met goud behangen geblondeerde dames zijn koopjesjagers. En mannen met ringbaardjes zonder snor zijn akelig kritisch. Stel dat de helft waar is. Dan is de andere helft dus niet waar.

➾ Pin klanten niet vast op wat ze in eerste instantie lijken te zijn: *het wassenbeeldensyndroom.*

Vraag

Heb jij zelf altijd hetzelfde koopgedrag? Wisselt dat wel eens?

Maak van klanten geen vrienden

Ook heb ik moeite met mechanisch verkopen. Vaak weten we precies waar het over gaat bij winkelverkoop. Interesse tonen, meelopen, groeten, enzovoort. Veel cursussen hebben hiervan mooie schemaatjes op de PowerPoint. Je krijgt dan zoiets als:

1 Begroeten / Aanspreken
2 Informatie vragen
3 Informatie geven
4 Artikelen aanbieden en voordelen benoemen
5 Eventuele weerstanden wegnemen
6 Bijverkoop
7 Afrekenen en fijne dag wensen

Ik heb dit rijtje bewust opgeschreven omdat er eigenlijk niets mis mee is. Zeker te gebruiken. De jonge of startende winkelmedewerker heeft hier als basis baat bij. En zelfs de ervaren verkoper slaat 2 en 6 nogal eens over. Of durft het niet. Maar ik heb er ook een kruis door gezet. Ik heb een broertje dood aan dit soort rijtjes. Maniertjes. Mijn stelling is: *als je al je zintuigen open zet, kun je van elke klant een kennis maken.* Zonder schema's. Zonder managementboeken gelezen te hebben. En natuurlijk begroet je een klant. Niet vanuit een moeten, maar vanuit een diepgewortelde overtuiging dat *elke klant die jouw winkel kiest om binnen te lopen een cadeautje is.* We hebben visite!

Even terug naar de kantoorboekhandel met 'de Knot' (Hoofdstuk 5). Er was een soort gezelligheid ontstaan. Er bleek ruimte voor wederzijds informeren. De Knot wist wat van de klant, en de klant van de Knot. Alsof het kennissen van elkaar waren. En daar gaat het om! Als de klant een week later weer in de winkel komt, kan de verkoopster, inmiddels een kennis, informeren naar hoe de cursus gegaan is. En of de naamkaartjes werkten. En als ze weg gaat: 'Hoe was 'tot ziens' in het Spaans ook alweer?' Echt contact. Met een kennis.

Als je een kennis op straat ontmoet groet je die vanzelfsprekend. 'Hé Richard. Hoe is het?' Da's natuurlijk. En vervolgens mag het gesprek alle kanten op gaan. Ook dat is natuurlijk. Deze natuurlijkheid, vanzelfsprekendheid, vloeibaarheid, moet het onderliggende doel zijn als wij klanten helpen in de winkel. Maak van elke klant een kennis. En van een aantal een goede kennis. Dat zijn dan klanten die je het meest liggen. Er zijn zelfs gevallen bekend dat een winkelmeisje met een klant trouwt. Dat is niet erg, mits deze klant een grote en kapitaalkrachtige familie heeft.

Maak van je klanten kennissen! Ik las pas ergens: klanten moeten je vrienden worden. Daar geloof ik niet in! Bij vrienden huil je uit, ga je mee op vakantie, maak je ruzie mee, maak je het weer mee goed... Dat niet in de winkel alsjeblieft. Je ziet soms personeel tijdenlang met een vriend staan kletsen. Fout! Tegen ondernemers zeg ik wel eens: 'Schop de vrienden van je personeel de winkel uit.' Niet helemaal waar, want zij kopen ook. Maar je snapt wat ik bedoel.

Trouwens, niet iedereen kan je vriend zijn. Simpelweg omdat mensen elkaar vaak niet liggen. Maar als je in een straat woont is het heel prettig dat je goede kennissen hebt aan al je buren. Ook al ligt de een je beter dan de ander. *Als je klanten je kennissen worden ben je heel goed bezig.*

Voor kennissen werken is ook leuker dan voor klanten. Ik merk nog wel eens een soort basisangst bij jonge of in schema-denkende verkopers. Bij een klant moet je in de houding springen. Wat voor een houding dan ook. Want het is een klant. Weer die koning dus...

Het was blijkbaar even stil in de winkel. De medewerkster neemt bij haar kassa een hap van een appel. Daar was ze echt aan toe. Lekker. Op dat moment kom ik haar speelgoedwinkel binnen. Ik zag haar opschrikken en denken: 'Oei, een klant.' Snel moffelde ze haar appel weg en met de rug naar mij toe, zogenaamd even bezig, at ze haar mond leeg. Ondanks de afstand had ik het gezien. Daarna kwam ze naar mij toe. 'Kan ik u helpen of kijkt u zelf even?'

Door de plotselinge aanwezigheid van een klant voelde ze zich betrapt. Op iets wat niet hoort. Eten in de winkel. Dat mag een klant niet zien. Ze loste het met een trucje op en schoot daarna in haar formele winkelroutine. Stel dat ik nu een *kennis* van haar was, en dat had gekund want ik kwam er vaker, dan had ze veel makkelijker met volle mond en een lach kunnen zeggen: 'Nou... hier word ik even betrapt.' Daar zit glimlach in, wat humor en het is een vanzelfsprekende opmerking. *En dat kan bij een kennis.* Ik had dan bijvoorbeeld gezegd: 'Eet lekker door meid.' Of: 'Je mag van mij met volle mond praten, hoor.' Of als de kennis wat meer schwung heeft: 'Dat valt me van je tegen.' Of 'En... krijgt een vaste klant geen appeltje?' Waarop de verkoopster de aangegeten appel had kunnen aanreiken: 'Hapje?' Resultaat: gezelligheid, lach. En niet een gemaakte lach, aangeleerd op een cursus. Deze kennis gaat je meer klandizie gunnen. Gungedrag*. Een opmerking als 'Nou... hier word ik even betrapt', tegen een onbekende klant had ook prima gekund. Een opstapje om van een volslagen onbekende een leuke kennis te maken. Wel even afwachten of een onbekende dit soort humor oppikt, want je kómt soms humorloze mensen tegen... Maar wat mij betreft beter dan een onnatuurlijke krampoplossing.

Zoek voor de aardigheid eens even op YouTube de trefwoorden Finkers en kussentjes. Een scène uit de oude doos, maar die haarscherp (en natuurlijk uitvergroot) laat zien wat er gebeurt als we te veel schemadenkers* worden.

- ➜ Ontgroei razendsnel de basisschema's.
- ➜ Maak van je klanten kennissen, geen vrienden.
- ➜ Kennissen gunnen jou meer dan klanten.
- ➜ Opeens ben je niet meer met klanten bezig, maar met het blij maken van een kennis.

Vraag

Als jij klanten begroet, voelt de klant zich dan echt welkom? Of ervaart de klant een lopende-band-begroeting?

9 In 10 seconden verliefd

In het normale leven hebben we meer tijd om iemand kennis te laten worden dan in de winkel. Hoe eerder een klant kennis wordt, hoe beter. Het werk is leuker en voorkomt veel verkoop-ongemakken.
Hoe zou het zijn als klanten verliefd op je worden? In heel korte tijd? *Love at first sight*. En dat op de winkelvloer.

> Ik deed een aantal mystery-guest-bezoeken bij bakkers in de Achterhoek. Het was een middelgroot dorp waar men elkaar kende. Zeker bij de bakker. Ik kwam binnen en twee verkoopsters kakelden gezellig met drie vaste klanten, naar ik aanneem. Helemaal goed. Maar met mijn binnenkomst draaiden de hoofden van de verkoop-sters zich naar mij toe en ze stopten acuut het gesprek: stilte. En ik las op hun gezicht: 'Die is niet van hier.' En ze hadden gelijk, ik was niet van het dorp. Uiteindelijk werd ik formeel, uiterst correct geholpen. Maar verliefd word ik niet op ze.

Verliefd? Ik geef wel eens een workshop *In 10 seconden verliefd*. Het is een heerlijke kunst om in het contact met een onbekende klant iets te laten ontstaan wat ook wel een klik wordt genoemd. Of verzin een ander trendy woordje, je weet wat ik bedoel. En die klik is meteen de stap om van klanten kennissen te maken. 'In 10 seconden verliefd' is natuurlijk een overdrijving. Maar geeft wel de denk-en-doe-richting aan. En ik wil hier even hard op hameren. Waarom?

Simpel: de concurrentie. Er is zo veel aanbod en keuze dat zowat alleen het winkeltje met postzegels of Märklintreintjes in een regio een monopolist is. Wat jij hebt aan spullen, is in de nabije omtrek ook elders verkrijgbaar. En dan is een eerste contactmoment in je winkel rete-belangrijk. Dat moment kan je jaren een klant opleveren... of kosten. En vaak zijn de eerste 10 seconden bepalend!

Zo'n eerste ervaring van de klant met jou heet een moment van de waarheid. Maar daar moet je oog voor hebben of krijgen. 'De Knot' uit hoofdstuk 5 weet niet dat ze een moment van de waarheid gemist heeft. En 136 euro omzet. En maar klagen dat hun winkeltje het niet goed doet! Dat klanten wegblijven of kopen via internet. Maar zelf is ze niet meer dan het pijltje van de cursor dat producten aanwijst. Op jou kan een klant 'verliefd' worden. Wie wordt er nu verliefd op een internetsite?

Je kunt op een feestje een leuke meid zien. En stel je bent 'op zoek'. Als ze naar de tafel met drankjes loopt, schik je je shirtje, haal je nog even de hand door je haar, en wringt je tussen de andere gasten door naar de dranktafel. Per abuis reik je voor haar langs, kunt niet bij de wijnfles en je vraagt haar die aan te geven. Ze doet het en slim genoeg houd je er snel een glaasje bij. 'Jij bent makkelijk...' zegt ze met een plagerig lachje en zie... het ijs is gebroken. Een leuk contactmoment is gecreëerd. En wel dapper zijn; je houdt helemaal niet van wijn, maar gewoon opdrinken. Die fles stond nu eenmaal het gunstigst.

Je moet voor contactmomenten wel iets doen.
Zo ook in de winkel. Het is een andere, leukere en natuurlijker

weg om contact te maken. En dat mag soms best een beetje vooropgezet zijn.

Sanne ging solliciteren als onderwijzeres. Wachtend in de docentenkamer nam ze het nog eenmaal door voor zichzelf. 'De directeur goed aankijken en je niet opvallend mooier voordoen dan je bent. Maar je hoeft natuurlijk niet alles te zeggen. Het gesprek niet sturen naar relaties enzo. Dat ze lesbisch is geeft toch altijd nog een bepaalde kleur. En o ja... zelf ook een paar inhoudelijke vragen stellen. Dan weten ze dat ze niet met een niemendalletje te maken hebben.' (Mijn weerslag van een gesprek dat ik ooit met een kennisje had. Net Pabostudent af.)

Wanneer we solliciteren staan al onze zintuigen open. Zijn we scherp. En willen aantrekkelijk overkomen. Want we zullen die job krijgen! Tenzij je op een ramsgesprek zit: eens in de week solliciteren anders kost het je je uitkering. Let zelf eens op in winkels: hoeveel personeel is bezig met ramscontacten*. Dat zijn vluchtige routinematige contacten. En vindt het heel vervelend als een klant een moeilijke vraag stelt... (Maar daarover later meer.)

Mijn voorstel is: zie elk klantcontact als een flits-sollicitatie. Oké, dat is wel zwaar de hele dag. Solliciteren doe je zelden en in je winkel is een stroom van klanten. Maar het idee erachter: besef dat je telkens weer 'aangenomen' moet worden door een klant die nog niet je kennis is. Dat de klant je pikt. Of met mooie woorden: *dat de klant je omarmt*. Je bent een deel van het product, weet je nog? En dan gaat het natuurlijk niet over je uiterlijk. Hoewel ik een gezonde heteroman ben en echt wel weet wat een knappe vrouw is... bij winkeldames val ik juist niet op hen die de verkoop denken binnen te halen met een overdosis aan make-up en een laag openstaand bloesje. 'Echte schoonheid zit van binnen' zegt een oud spreekwoord. Voor winkelverkoop geldt dat zeker. Ook al verschillen smaken.

- ⇛ Vanuit de concurrentiegedachte is het van belang een klant binnen te halen in het eerste contact.
- ⇛ Het is ook nog verrekte leuk. Dat moet ook, anders houd je het niet vol.
- ⇛ De 'momenten van de waarheid' leren herkennen en gebruiken is een feestje. En omzet.

Vraag

Wat zit er voor leuks in jou dat je gebruikt tot wederzijdse verliefdheid?

10 Moment van de waarheid

Als jong verkopertje stond ik in een drogisterij. Kruidvatachtig maar dan geen keten. Begin jaren 80. Heb er heel, héél kort gewerkt. Mijn product niet. (Nóg heb ik altijd moeite de weg te vinden tussen alle shampootjes en gelletjes.) Er kwam een mevrouw de winkel in met een aparte witte jas. Een soort zigzagsluiting met op de drie punten een enorm grote knoop. Nu heet dat haute couture of zo. Toen had het in mijn jargon geen naam. En zeker in die tijd zou ik zeggen dat ze voor gek liep. Ik hielp haar, rekende af en nadat ze was vertrokken vroeg ik mijn collega: 'Zag je die jas?' Zij antwoordde: 'Ja sjiek hè? Leuk!' Waarop mijn baas van achter een stap de winkel in zette en zei: 'Zeg dat nou gewoon direct tegen die klant!'

Hij had gelijk. Ik miste het 'moment van de waarheid'. Het aanknopingspunt voor écht contact. Zo'n achttien jaar werk ik met verkooppersoneel in workshops, trainingen en theatervoorstellingen. In al de voorgesprekken met ondernemers blijkt dat het aan kennis over klantcontact niet ontbreekt. Ik verzucht na zo'n gesprek wel eens: bij dit bedrijf heb ik niets nieuws te melden. Vervolgens doe ik dan altijd mysteryguestbezoeken*. De mensen die ik 's avonds in de zaal heb, heb ik eerst bezig gezien in de winkel. Heb ik eerst als klant contact mee gehad, zonder dat ze wisten wie ik was. Dat weerzien 's avonds in de zaal is meestal erg leuk. Voor beide partijen een hilarisch momentje aan het begin van zo'n avond. En voor sommigen een beetje schokkend. Want van de theorie van de alwetende ondernemer blijft weinig overeind. Zelfs de managers in de winkels, de voorbeeldfiguren, laten zo veel 'momenten van de waarheid' liggen. Herkennen ze niet eens. Ondanks hun theoretische kennis van klantcontact.

Nog maar eens even duidelijk in een definitie: een moment van de waarheid is het moment waarop je de overtuiging dat klanten kennissen moeten worden, concreet, direct en actief invult. Dat is dus vaak secondenwerk! Vaak maakt een klant al in de eerste tien seconden voor tachtig procent de beslissing voor de aankoop. Zonder dat zelf te weten. Ik heb veel in de bakkersbranche gedaan. En heb nog enkele jaren af en toe een ochtendje meegedraaid in een winkel. Zó leuk.

Een dame kwam de winkel in. Een beetje een afstandelijk typje leek ze me. Met een nepbontje, vuurrood gestifte lippen en een bijzondere bril. De glazen hadden dezelfde vorm. Maar het montuur rond haar linkerglas was niet symmetrisch aan het montuur rond haar rechterglas, heel apart. Indachtig mijn baas uit begin jaren 80 zeg ik complimenteus bedoeld: 'Wat heeft u een

aparte bril op.' Dat was eerlijk, want echt mooi vond ik 'm niet. Haar strakke gezicht ontspande. 'Ja, vind je hem leuk? Ik heb hem nog niet zo lang. Ik vind hem zelf ook wel gewaagd. Het is een Belgisch ontwerp.' 'Belgisch? Een Theo*?' vroeg ik. 'Ik geloof het wel ja,' neemt de bril van haar neus en leest in het brillenpootje: 'Ja... Theo.' Ik zeg: 'Dat is toevallig. Ik heb ook een Theo.' Al kwebbelend over onze brillen had zij dertig seconden later mijn bril op en ik de hare. En een lol! En weer even later verkocht ik aan mijn nieuwe kennis lekker brood en een mini hazelnoottaartje.
En toen ik haar op het laatst nog even onze aanbieding voorhield (mandarijnkroontjes, drie voor de prijs van twee) zei ze: 'Vooruit, doe eens gek.' 'Krijgt u er één gratis. Omdat u zo'n mooie bril heeft', grapte ik nog. Ze gunde me de verkoop! Op basis van onze net ontstane relatie. Ze heeft nog wel eens naar me gevraagd bij de collega's. 'Is die Theo er ook?'

Dit voorval staat in mijn persoonlijke top 10 van 'de momenten van de waarheid' van wat ik zelf mocht meemaken. Wat zijn mensen toch leuk! Zelf als ze niet leuk lijken in eerste instantie. Alleen ontdek je dat pas als je écht contact maakt.

En natuurlijk is het niet de bedoeling om geforceerd iets te gaan opmerken over wat iemand op of aan heeft. Nietszeggende bruine handschoenen: 'Wat een mooie handschoenen heeft u.' Dat is net zo gemaakt als het ingestudeerde winkelgrijnzen*. En ook is het toeval je niet altijd gunstig gezind: allebei een Theo op de neus. Toch ontstond het scènetje *met te zeggen wat je ziet*. En dan bedoel ik niet een enorme onderkin van een klant of haar jichthanden. Dat snap je.

Ik ving kort geleden in een boetiekje een gesprekje op tussen twee verkoopsters annex tetterbellen*. Een mevrouw op bruine laarsjes had iets afgerekend. Groette de tetterbel en vertrok. Zegt die ene tetterbel tegen de ander: 'Zag je die laarsjes? Die had ik ook zowat gekocht. Alleen ze zaten niet.'

We kletsen te veel *over* klanten. In plaats van *met* klanten. Ze had ook kunnen reageren: 'Ach da's grappig. Die laarsjes die u aanheeft had ik ook zowat gekocht. Bij mij klemden ze op de wreef.' Klant: 'Ik heb ze bij Van Doorn gekocht.' Zij weer: 'Klopt...' en het gesprekje had nog even aangenaam door kunnen kabbelen. Of niet, als er meer klanten geholpen moesten worden. Toch is er een persoonlijke uitwisseling geweest. Kort, maar niet onbelangrijk!

We schrikken vaak van bepaalde klanten. Zoals de wat afstandelijke klant met Theo-bril. Al gauw spiegelen* we en nemen het afstandelijke over. In feite pinnen we haar vast op klanttype afstandelijk en helpen haar keurig en formeel... de winkel uit. Geen klik. Niets gebeurd. Geen bijverkoop.

Natuurlijk snap ik alle mitsen en maren die je nu kunt opwerpen. Toch adviseer ik je: doe het gewoon eens anders dan je gewend bent. Sprankelender. Iets meer swung. Iets meer durf. (WDSP*) Het zal je verbazen hoe makkelijk en leuk het is.

- Wat een klant uitstraalt hoeft niet 'waar' te zijn. De roodgestifte afstandelijke mevrouw bleek een geinig mens. Sjiek, maar geinig.
- Durf eens tegen een klant te zeggen wat je ziet. Als het maar positief is.
- Het kost soms maar nauwelijks tijd. Wat is een investering van één of twee minuten op een wellicht jarenlang terugkerende klant?
- De nieuwe kennis gaat je de klandizie gunnen. Zelfs naar je uitzien.

Vraag

Wanneer gaf jij de klant voor het laatst een complimentje?

Winkelwerk is haast niet in stukjes te hakken. Het één hangt samen met het ander en het ander met weer iets anders. En zo slingeren we met dit boekje door het winkellandschap. Goed om af en toe dit boekje weg te leggen. Even een bankje zoeken. En ADEMHALEN. Dit advies wordt nog een paar keer herhaald. In de vorm van deze stempel.

11

Geef van jezelf

Een nieuw broodwinkeltje. Van een keten waar ik toen wat hand- en spandiensten voor verrichtte op het gebied van klantgedrevenheid. Ze heette Patricia en moest de leading lady worden in het nieuwe vinex-wijkwinkeltje. Eén fulltimer en twee parttimers. Patricia, 22 jaar met leuke lach, zou de fulltimer worden.

Na twee maanden hadden we een gesprek over haar werk. We wisten dat ze een goede start had gemaakt. We konden dat aan de stijgende cijfers zien. En naar mijn mening had ze het wel in zich. 'Hoe vind je het gaan?' vroeg ik. 'Best leuk,' antwoordde ze. 'Heb je er lol in?' was mijn tweede vraag. 'Jawel.' Stilte. 'Maar moet ik mijn naamplaatje per se op? Mensen gaan me bij de naam noemen en dat vind ik toch... tja... wat minder.' Ik was even uit het veld geslagen. Dit had ik niet verwacht. Ik moest me even herpakken. Toen ben ik gaan staan en heb voor haar geapplaudisseerd. De manager, hij kende me goed, begon lachend mee te klappen. Ik zei haar: 'Opdat je niet vergeet hoe goed je bezig bent.'

Wat had Patricia gedaan? Ja, ze had een badge op. Maar dat was niet de reden waarom mensen haar bij de naam gingen noemen. Patricia is tot op zekere hoogte een open persoonlijkheid. Ze kan makkelijk praten met mensen, ze een beetje uit de tent lokken en *durft contact te maken*. Daarnaast legt ze voor mevrouw huppeldepup altijd even twee halfjes viergranen opzij. En heeft ze tweemaal iemand brood thuis bezorgd wegens ziekte. Dat ging de straat door. En ook liet ze plotseling een winkel vol klanten achter, omdat ze een kind met haar fietsje zag vallen. Die nam ze mee de winkel in. Een andere klant pleisterde de knie van het kind terwijl Patricia weer klanten ging helpen. De hele winkel leefde mee.

Wat gebeurt hier? Patricia gaf een stuk van zichzelf. Haar innerlijke betrokkenheid op de medemens: ziekte, kind. Onbewust wilden klanten zich daarbij aansluiten. Ze gingen als vanzelf Patricia bij haar voornaam noemen. Dat stond toevallig op haar badge. Als je je geeft aan klanten, noem het service, ontstaat er een 'gat' dat klanten willen vullen. Willen teruggeven. Onbewust. Geven is een vorm van ontvangen. Je hoeft niets terug te ontvangen, maar het gebeurt gewoon. Het zit in ons mensen. Althans, in de meesten.

Winkelier: 'Dat puzzelboekje is 4 gulden 70 alstublieft.'
Klant zoekt geld in z'n portemonnee.
Winkelier: 'Hij ziet er niet zo best uit. Hij is wat vochtig geweest. Ligt er nog een mooiere?'
Klant: 'Nee, daar keek ik ook naar, maar dit was de laatste.'
Winkelier: 'Weet u wat, u krijgt hem voor 3 gulden 70.'
Klant: 'O, dat is mooi. Zal ik het dan eens precies voor u passen?' En hij zoekt net zo lang in zijn portemonnee totdat hij precies 3 gulden 70 in kleingeld op de toonbank kan leggen.

Een heel simpel voorbeeld van een oudere man bij een toeristen-kiosk-achtig winkeltje ergens op de Veluwe midden jaren 90. Waar weet ik niet meer. Die klant was mijn vader.

Wat gebeurt er? De winkelier verleent een onverwachte service. De klant wil dit meteen in balans brengen door een tegenservice te verlenen. Hij hoeft dat niet te doen. Maar doet het. Klanten willen best een tegenprestatie leveren. Onbewust.

Een leuke test: bij de ingang van een groot tuincentrum (ik dacht in Engeland) werden de winkelwagentjes weggehaald. En in plaats daarvan namen zestien personeelsleden de plaats in. Keurig in groene giletjes met een winkelmandje al in de hand. Elke klant die een wagentje wilde pakken trof een keurig welkom hetend personeelslid aan die zich aanbood als persoonlijke assistent. Een hulp in de winkel voor advies en om te sjouwen. Niet iedereen maakte er gebruik van, maar het bonbedrag steeg die dag.

Waarschijnlijk kan de bovenstaande test financieel niet uit. Personeel is een grote kostenpost. Maar het effect is opvallend. Wanneer we geven, hebben klanten de neiging om terug te geven. Ook dit is een vorm van gunnen.

Wat kun je zoal van jezelf geven?

- **Echte aandacht.** De zieke klant, het gevallen kind.
- **Persoonlijke aandacht.** Eén voorbeeld: iedere winkel waar klanten wel eens wat bestellen, kun je klanten verrassen door de volgende keer de naam te kennen. (In Rotterdam had een bakkerijteam er een namenboekje voor aangelegd. Top!) Dodelijk is: 'Eh.... Hoe was de naam ook alweer?'

Je benadrukt juist dat je zo onpersoonlijk bent geweest om de naam niet te onthouden.

- **Iets van je eigen ervaring.** 'Die laarsjes had ik ook zo-wat gekocht.' Is ook nog een bedekt compliment!
- **Een gemeend compliment.** 'Wat een bijzondere bril heeft u op.'
- **Echte service.** Dit gaat natuurlijk niet over 'Tasje bij?' Zie hoofdstuk 27.
- **Persoonlijke korting.** Niet de standaardkorting van de winkel, maar zoals het kruiswoordpuzzelboekje.
- **Je naam.** Kun je soms vooropgezet in sturen. Voorbeeld: een klant waar iets voor besteld moet worden. Niet het gebruikelijke 'woensdag is het binnen'. Dat is een passieve vorm. Maar: 'Woensdag verwacht ik het binnen. En u kunt ook even bellen of het er dinsdag al is. Hier heeft u mijn naam en nummer.'
- **Goed en eerlijk advies.** Daarom is kennis zo belangrijk. Van daaruit geef je eerlijk advies.

En wat krijg je terug? Vertrouwen. Men vertrouwt er op dat je het van alle kanten goed met ze voor hebt. En daarom komt men terug. Zie hier *de wet van de wederkerigheid.*

➾ Geven is een vorm van ontvangen.
➾ Wanneer we geven hebben klanten de neiging om terug te geven.
➾ Experimenteer eens.

Vraag

Wat geef jij allemaal van jezelf aan klanten?

12 Geef van de baas

Sinds twee jaar zit in het verlengde van mijn straat MACCAJA. De authentieke Italiaanse keuken staat er op het raam. Uitgebaat door een gedreven sympathieke Hollandse vijftiger en zijn Italiaanse vrouw. Da's sappelen: zo net buiten het centrum van de stad waar het vergeven is van de eettentjes. Maar ze doen het goed en maken heerlijk spul. Als ik te laat thuis ben om nog zin te hebben in koken haal ik er wel eens een bak Amatriciana*. Ik doe er dan graag zo'n rond halfzacht zout broodje bij. Een focaccia.

Laatst stond ik er weer en bestelde bij de bak pasta een focaccia. 'Die krijg je erbij,' zei Henk. (Hoe weet ik trouwens dat hij Henk heet? Zijn naam heeft hij me dan zeker een keer 'gegeven'.) Een gratis broodje. Zo maar ineens. Ik was verbaasd en verrast. Een paar maanden later deed hij dat nog eens.

Voor het schrijven van dit boekje ben ik hierover eens in gesprek gegaan met Henk. Waarom geeft hij soms wat weg? De neerslag van zijn antwoord:

'Ach waarom niet? Iemand die drie bakken pasta bestelt.... Of een vaste klant, zoals jij. En als ik voor een groep overwerkers de catering verzorg doe ik er een lekker flesje wijn bij. Of broodjes die ik een paar uur later toch moet weggooien... Maar soms ook niet hoor. Als mijn pet verkeerd staat... Of als ik er gewoon geen zin in heb. En ik geef geen korting! Nooit. Alleen er wat bij. Wat wel een probleem is (krabbend aan zijn kin) dat mensen het gaan verwachten. Dat is wel jammer.'

Henk komt mij niet voor als een 'schemadenker'. En je weet inmiddels, dat mag ik wel. Hij heeft twee gedachtes: geef eens wat weg en geef geen korting*. En verder handelt hij intuïtief.

Wat ik concludeer bij MACCAJA:

- Je hebt daar soms een voordeeltje.
- Het maakt Henk en zijn winkel nog sympathieker.

Wat is de onbewuste reactie van de klant:

- De sympathie beantwoord je als klant met sympathie: je kiest de volgende keer weer voor MACCAJA.
- Het voordeel maakt je schuldig tegenover Harry. Je staat in het rood en compenseert dit door weer te komen. (De wederkerigheid uit het vorige hoofdstuk.)
- Een mix van beide.

Kortom: we waarderen de sympathieke Henk en *gunnen* hem onze klandizie! En... iets weggeven is zo gek nog niet.

Maar dan de klanten die het gaan verwachten. Het probleem dat Henk aangaf. Helaas zijn wij verwende krengen aan het worden. Als we een keer iets krijgen zijn we verrast en blij. Maar meteen teleurgesteld als we het een volgende keer niet krijgen. En dat durft ons volkje best nog wel eens te laten blijken door gelaatsuitdrukking of tekst. Nederlanders zijn soms niet leuk. Onbescheiden. Veeleisend.

Een foute reactie op een teleurgestelde klant zou zijn: 'Ja... ik wil óók beleg op brood!' of: 'Mijn schoorsteen moet ook roken!' En alle denkbare varianten hierop. Je bent dan opeens het slachtoffer van je eigen vrijgevigheid. Je gaat je verdedigen omdat je gul was.

Om dit te voorkomen, zul je aan de voorkant iets moeten doen. Tijdens je gulle bui. Henks tekst 'Die krijg je erbij' kan beter: 'Weet je wat, die geef ik je dit keer cadeau'. Dit keer. Daar zit een beperking in. Ongemerkt gaat de boodschap mee: ik maak een uitzondering. En doordat de gelukkige uitzondering net jou ten deel valt, maakt het jou als klant bijzonderder. Henk is op je gesteld. Het is een persoonlijke gift. Dat maakt je eerder bescheiden dan eisend.

Nog wat voorbeelden:

- 'Voor jou maak ik een keer een uitzondering.'
- 'Doe eens gek, een vaste klant moet je soms matsen.'
- 'Een schepje extra omdat je door de regen hier heen bent komen fietsen.' *Koppel het aan een situatie.*
- 'Voorruit, omdat het de laatste zijn. Ik gun ze jou.'

Bij geld tekort:

- 'Als je het niet doorvertelt, gun ik je die euro.'
- 'Die vijftig cent komt de volgende keer wel.' (Je investeert hier in vijftig cent goodwill!)

Het was in een verfspeciaalzaak in Krommenie. Jaren geleden. Een van mijn eerste winkelbezoekjes in opdracht.
Klant: 'Mag ik er een extra roerhoutje bij? Dan kan ik telkens weer lekker schoon beginnen.' Schilder: 'Ga je er zo vaak over doen dan?' Hij pakt een vette greep houtjes en legt die bos op de toonbank. Lachend: 'Kun je

veertien dagen over dat hek doen!' Klant lacht terug en pakt er bescheiden vier. Als hij het tasje spullen aanreikt zegt de verkoper grijnzend: 'Ik kom over vier dagen kijken of het klaar is.' En weer verlaat een verwende, glimlachende klant het pand.

Helemaal goed! Gul, gezellig, persoonlijk en een flard humor! Soms ervaar ik echt een knijperige houding bij onze winkeliers. Nederland, kruideniersland. Daar kun je trots op zijn, maar soms even niet.

- Geef niet standaard iets weg. Speel ermee.
- Wees geen kruidenier. Wees gul.
- Gul zijn maakt je sympathiek. Dat roept een sympathieke reactie op.
- Schep geen verwachting voor een volgende keer. De begeleidende tekst is dus belangrijk.
- Laat de klant zich bijzonder voelen door aan te geven dat het voordeeltje speciaal hem treft.

Vraag

Als je zelf een voordeeltje krijgt: hoe voelt dat?

13

'Als je dat bij één doet komen ze allemaal!'

Supermarkt Jumbo. Het is rustig en ik drentel zoals wel vaker bij de bladen. Een prima spionageplekje om personeel te beloeren. Er komt een klant bij de kassa. Aan zijn kar hangt een big shopper*. Een knalrode Dirk-tas. De concurrent dus. Meneer raapt zijn karretje leeg, betaalt, pakt zijn Dirk-tas vol en verlaat de winkel. Het gesprek tussen de caissières:

Blond: 'Zag je die tas?'

Beugel: 'Nee wattan?'

Blond: 'Had een Dirk-tas.'

Beugel: 'Dat moet die man toch zelf weten.'

Blond: 'Dat je zoiets durft, hè? Belachelijk.'

Beugel giechelend: 'Had hem afgepakt dan.'

Blond: 'Dááq. Ik blijf mooi in m'n hokkie. Hallo...' Een klant wordt ondertussen geholpen en vertrekt.

Beugel: 'We hadden die man moeten vragen of die hem wilde ruilen voor de onze... Of gewoon weggeven.'

Blond: 'Weet je wat dat kost! En als je dat bij één doet komen ze allemaal.'

Beugel: 'Nou ja, we hadden het Bart kunnen vragen...'

Blond: 'Bart? Dan weet ik wel wat 'ie zegt.'

Beugel: 'Is ook zo...'

Mocht je op de lijn zitten van Blond, wees gerust: ze komen niet allemaal. Niet iedereen wil zo'n tas. Niet iedereen krijgt het te horen. En ook al komen ze allemaal... een stunt die de plaatselijke krant zal halen!

Weet je wat dat kost? vraagt Blond retorisch. Zo'n tas kost verkoop één euro zeventig. Inkoop schat ik op zestig cent. Voor zestig cent loopt een mens met jouw naam in de wijk rond. Hoe meer van jouw shoppers, hoe liever. Wandelende billboards. Adverteren is duurder! En voor alle Barts onder jullie: geef ruimte aan je personeel om iets weg te geven. Niet lukraak. Maar als het past. Als het klopt. Wees dan niet 'zuunig'.

Ik herinner me nog de verrassing die een klant trof toen hij twijfelde over de nieuwe stroopwafels. De stroopwafels die hij altijd kocht waren uit het assortiment. Dat had de supermarktmedewerker hem net verteld: 'Een andere leverancier.' En die vorige waren zo lekker smeuïg, vond de klant. Want stroopwafels kunnen ook leer-taai zijn. Maar deze gozer van amper twintig trok een pakje open van de nieuwe leverancier en bood de klant een stroopwafel aan. Ter keuring. De andere elf stroopwafels deelde hij uit aan klanten en collega's. Ik had het verraste gezicht van die klant wel eens willen zien. Maar dat ging niet. Want die klant was ik.

Natuurlijk zullen de Barten niet blij zijn als de vakkenvullers zich verliezen in het opentrekken van pakjes koek en flesjes drank. En natuurlijk is dat niet de bedoeling. Maar een uitzondering voor bijvoorbeeld een twijfelende klant. Waarom niet? Doe het!

- Je verrast de klant positief.
- Je geeft hem de kans een eigen keus te maken.
- Hij heeft thuis een positief verhaal te vertellen. En bij z'n buren. En in de kroeg.
- Je onderscheidt je van de andere supermarkt. Omdat men dit weinig doet.
- Andere klanten genieten mee. Praten erover.
- Het is het begin van kennissen worden. Met alle gunstige gevolgen ervan.
- Je ontleent er werkplezier aan.

Zie hier de winst van af en toe eens gul zijn!

Deze manier van gul zijn kenmerkt zich ook door het persoonlijke. Als je standaard aan iedere klant een big shopper uitdeelt, zal dat niet als bijzonder ervaren worden. Denk aan promoteams die honderden blikjes cola uitrijken op een plein op een zonnige dag. Goed voor de naamsbekendheid. En daar gaat het cola ook om. Maar met klantcontact heeft het niets te maken.

Een goede tekst om je gulheid bijzonder en persoonlijk te maken zou ongeveer zo zijn:
Blond: 'U heeft een handige grote tas, zie ik.'
Klant: 'Zeker.'
Blond: 'Heeft u zin in een cadeautje?'
Klant: 'Nou..?'
Blond: 'Kijk eens. Een stevige nieuwe shopper, maar dan in de kleur geel. Jumbo-geel.'
Klant: 'Oké. Dank je wel.'
Blond: 'En de kleur past leuk bij uw overhemd.'
Klant: 'Haha. Vind je? Voor elk overhemd een andere tas. Daag. En bedankt.'
En hier zijn nog tien varianten op te verzinnen.
Zeg nooit als je iets weggeeft: 'Alsjeblieft. Die heb ik toch over.' Wat me pas overkwam bij een groenteman. Middelgrote shopper met houten handvaten. Ook al is het zo, je gulheid verschrompelt. Dat ruikt naar 'het gebruiken van de klant om je winkel op te ruimen.'

- Wees gul. Je verdient het terug.
- Maak je gulheid persoonlijk. Gekoppeld aan de situatie van de klant.
- Wees als leidinggevende een voorbeeld van hoe je dit kan doen.
- Zit dus niet op je centen.

Vraag

Geeft je baas jou alle ruimte om eens lekker gul te zijn?
Agendapunt voor het werkoverleg?

14

Gemaakte of èchte interesse?

Ik ben wat afgedwaald. Alhoewel; gul zijn en geven is een wezenlijk onderdeel van contact maken en van je klant een kennis maken. Maar terug naar het laatste.

Jaren geleden, toen ik nog actief was in de reclame, kwam ik bij een prospect. Een lead. A potential. Allemaal van die woordjes die per zo veel jaren weer opgehipt worden. Het was gewoon iemand met een DM-bureau* waar ik wel leverancier wilde worden. Een potentiële klant dus. Ik had hem op een receptie ontmoet en hij was wel geïnteresseerd in mijn kunnen. Ik kwam in zijn kamer in zijn kantoor ergens in Amsterdam-Zuidoost.

Mijn strategie: een persoonlijke klik maken. Het gezicht van de man op de receptie moest nu een kennis worden. Dus niet alleen over werk praten. Het eerste kwartiertje ging op aan het uiteenzetten van hun dm-activiteiten en de daarmee behaalde successen. Hij eindigde met 'Nog koffie?', wat ik een goed idee vond en waarop hij de kamer verliet. Ik nam de kamer nog eens goed op. Niet eens zo luxe. Wat meestal wel het geval was in het reclamewereldje van toen. Aan de muur hingen wat ingelijste prijzen in de vorm van oorkondes. En er hing een foto van een zeiljacht tegen een ondergaande zon. Dit was duidelijk een persoonlijke foto. Dat zag je. En er zit veel geld, dus ook veel zeiljachtjes in deze branche. De man zeilde! En was trots op z'n bootje.

Hij zat weer en we dronken onze koffie. Na het eerste slokje zei ik: 'Lekker hè, zeilen?' Stilte. Op zoek naar de klik vulde ik de leegte: 'Op één oor liggen met windkracht vier, heerlijk.' 'Zeil jij ook?' vroeg hij. Geforceerd zoekend naar een persoonlijke overeenkomst grapte ik: 'Een beetje creatieve geest zeilt!' Stilte. 'Welk type boot is dit?' vroeg ik naar de foto wijzend. Hij haalde zijn schouders op. 'Geen idee. Ik heb niks met zeilen. Mijn voorganger in deze kamer zeilde. Ik vond het wel een aardige foto en heb hem laten hangen. Mooie lucht.'

Hier viel Troost ernstig door de mand. Dit is geen winkelsituatie. Maar behoed u voor wat ik fout deed. Wat deed ik fout?

- Ik zocht geforceerd naar de klik. Het moest en het zou! Dan lukt het niet.
- Daardoor deed ik een aanname (dat de man zeilde) die niet klopte.
- Ik zocht ook naar een persoonlijke overeenkomst. 'Me-too'* heet dat in reclametaal. Maar het werd een pijnlijk moment. Ik zeilde in die jaren ook wel: een beetje klooien in een huurbootje in Friesland. Maar ik dacht de buit al binnen te hebben omdat ik persoonlijke overeenkomsten zag. Overmoed en te veel haast. De huid van de beer verkopen...

Ik had natuurlijk best kunnen vragen of hij zeilde. We vragen te weinig! We vragen te weinig dóór. En teveel gefocust op het product alleen. Op de verkoop.

Augustus 2011. Ik stond in een tassen- en kofferzaak voor een degelijk rugtasje. Ik hoorde een moeder vragen naar een stevige rugtas voor haar zoon. Met de opmerking erbij dat ze in de brugklas zo veel boeken te versjouwen hebben. Verkoopster en klant zijn een kwartiertje bezig geweest. Er werd trouwens niet verkocht. Ze zou nog terug komen met zoon zelf.

Ik luister graag af. Ik constateerde een keurig productgericht gesprek. Maar waarom heeft de zeer correcte verkoopster, niet meteen ingehaakt, haar moment gepakt om iets te zeggen over de school. 'Al naar de brugklas? Naar welke school gaat 'ie ?' Of iets van die aard. Terwijl de klant iets van zichzelf gaf! Namelijk de informatie dat zoon naar de brugklas gaat.
Het is voor ouders vaak minstens zo spannend, of een opluchting of verzuchting als een kind zo'n overgang maakt. Er had een geïnteresseerd gesprekje kunnen plaatsvinden. Zonder te forceren! 'Het eerste kind?' 'De laatste?' Je weet het niet. Omdat je het niet vraagt! Gebruik je echte nieuwsgierigheid. Het zal meestal overkomen als interesse hebben. En eigenlijk is het dat ook.

Heb ik de indruk gewekt dat je vooral naar overeenkomsten moet zoeken? Tussen jou en de klant? Sorry. Zeker, het is mooi meegenomen als er persoonlijke overeenkomsten zijn in smaak, mening of liefhebberij. Maar het is beslist niet noodzakelijk. Twee totaal anders gerichte mensen met verschillende ideeën kunnen de leukste gesprekjes hebben. Persoonlijk vind ik praten met ouden van dagen bijzonder leuk. Even in een andere leefwereld stappen. (Trouwens... hoe lang duurt het voor ik zelf zover ben...)

Als winkelmedewerker is het wel van belang dat je echt geïnteresseerd bent in mensen. En niet alleen in JSM-ers*.
Je klanten tot kennissen maken vraagt om:

- Jezelf blijven. Met jouw interesses, eigenheid en smaak.
- Open staan voor elk signaal waarmee je aansluiting kunt maken.

Dat kan zijn:

- ➾ Smaak.
- ➾ Humor.
- ➾ Vakantiebestemming.
- ➾ Gelijksoortige ervaring met wat dan ook.
- ➾ Juist niet gelijksoortige ervaring, want dan kun je die uitwisselen.
- ➾ Openstaan en dus een antenne ontwikkelen voor contactsignalen.
- ➾ Het moment pakken. (En soms ook níet als het te druk is!)
- ➾ Wees gedurende het gehele gesprek nieuwsgierig.

Vraag

Welke 'nieuwsgierige vraag' heb je wel eens gesteld? En wat gebeurde er?

15 Geoorloofd nieuwsgierig

Doorvragen. Waarom doen we dat zo weinig? Hoe kan dat? Dat het meest elementaire punt van een standaardverkoop zo vaak wordt overgeslagen? Ik doe wat suggesties.

Men is een beetje bang. Durft niet persoonlijk te worden naar klanten. Dus niet nieuwsgierig te zijn. 'Naar zoiets vraag je toch niet...' heb ik door de jaren heen veel winkeldames horen zeggen. 'Als het nu een vriend was...' Maar dan leg je doorvragen uit als ongeoorloofde nieuwsgierigheid. Terwijl doorvragen meestal overkomt als belangstelling. En daar zijn de meeste klanten niet vies van.

Men voelt zich veilig in de eigen comfortzone. Daar waar je je niet anders hoeft te gedragen dan je al gewend bent, is de comfortzone. Vandaar dat personeel dat wel weet dat doorvragen goed is (ooit in een cursus gehad) het toch niet doet. Ze blijven op de plek waar het comfortabel voelt. Maar winkelwerk vraagt lef, je hengel uitgooien in onbekend water, wel eens op een wat glibberige rots staan, wel eens bot vangen of broekpaling*. Als je alleen de veiligheid zoekt achter je toonbank en in je routines... kun je je gerust wel eens afvragen of winkelverkoop wat voor je is. Iets durven wat je nog niet deed, is onderdeel van jezelf verbeteren.

Men voelt zich sterker door spuien van kennis.

Ik kom in een grote outdoorwinkel. Ik vraag letterlijk: 'Ik zoek een goede jas.' De dame neemt mij mee naar de jassen en begint bij rek één te vertellen over de collectie. Winddicht, vochtdicht, gevoerd, met warme uitneembare capuchons, allerlei vaktermen erdoor heen, en via rek 2 naar rek 3 en 4. Ze eindigt met '...dus keuze genoeg.' Ik zeg: 'Ik zoek zo'n dunne jas voor het mountainbiken.' Ze keek me verontwaardigd aan: 'O... maar dat zei u niet.' Waarom ik een beetje brutaal antwoordde: 'Maar u vroeg het niet.' Ze ging mij met een vaartje voor naar een andere hoek van de winkel. Beiden licht geïrriteerd.

Deze mevrouw wist veel. En hoe prettig is dat te tonen. Je zegt eigenlijk iets als: 'U bent hier wel bij specialisten.' Of: 'Wat weet ik er veel van hè?' Wat allebei waar is natuurlijk. Maar de vraag is of deze niet uitgesproken onderliggende boodschap aansluit bij de zoektocht van de klant. Dat is vaak niet het geval. Hoe logisch is het eerst even door te vragen. Om vervolgens aan te sluiten op de vraag van de klant.

Men vlucht in kennis. Het is zo makkelijk om alles te zeggen wat je weet over je producten. En de klant stelt een vraag, dus kun je 'los gaan'. Alles spuien wat je weet. Voor veel mensen is het bij onbekenden makkelijker het over dingen te hebben dan over het verhaal achter de dingen. Logisch. En het wordt een routineuze vlucht waarmee je met elke (onbekende) klant communiceert: info, info, info. Het heeft iets veiligs. Het voelt lekker en er vallen geen stiltes. En de vraag is: wat wil de klant? De klant wil blij gemaakt worden. Vraag door en ontdek wat hem écht blij kan maken. Waarschijnlijk niet een bak over hem uitgestorte kennis, terwijl hij maar voor een onderdeeltje van al die kennis komt (zie ook hoofdstuk 28).

Supermarkt. 'Goedendag, ik zoek de mierikswortel*.'
De doza* kwam uit haar schap gekropen en zei: 'Sorry? De mierikswortel?'
Ik zag haar denken: 'Oei,' maar ze begon te lopen. Ik volgde. Ze liep lángs de potjes mierikswortel naar de groenteafdeling. Na enig omzwerven en navragen vond ze het. Doza: 'Ik dacht dat het bij de groente hoorde. Mierikswortel... snapt u?' Ik speelde de vermoorde onschuld.
Ze dook weer haar schap in, maar werd er meteen weer uitgerukt door een andere klant: 'Hebben jullie die groene pakjes Fjord nog? Ik zie ze niet.' Met een zucht begon ze weer te lopen. Haar gezicht stond op zo-kom-ik-nooit-aan-mijn-werk-toe!

Welke doorvraag zou logisch zijn geweest? Ik doe wat voor de hand liggende suggesties:

- 'Dat ken ik niet. Wat voor iets is het?'
- 'Zijn dat een soort wortelen?'
- 'Mierikswortel? Hoe ziet het eruit?'
- 'Heeft u dat hier wel eens vaker gekocht?'

Dat is dan een doza. Maar op een hoger niveau gebeurt hetzelfde.

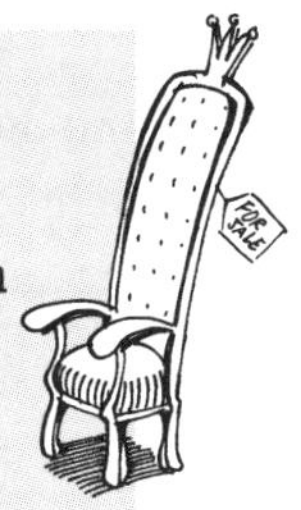

Ik deed bezoeken bij een aantal tuincentra. Een medewerkster (40+) die met een slang de plantenbakken besproeit.
Ik: 'Ik zoek een tuinschaar.'
Zij: 'Ik weet niet of we die wel hebben.' Legt de slang met de kop in een afvoerrooster en begint te lopen. Door te lopen. Ik er achteraan. Langs de dierenafdeling naar de gereedschappen. (Wat een afstanden zijn dat eigenlijk.) Ze screende razendsnel met haar ogen het wandje met allerlei kniptangetjes terwijl ze de vaart erin hield, om meteen door te spurten richting kassa. 'Gerda, hebben wij huishoudscharen!?' 'Ja, hier rechts! Bij kassa 3!' Ze hield in, keek om, maar ik stond nog bij de kniptangetjes. 'Hier hangen de huishoudscharen meneer.' Waarop ik terugriep: 'Ik heb ze al!' Verbaasd kwam ze teruglopen en ik wees: 'Dit zoek ik.' 'Maar dat zijn heggenscharen! U vroeg naar een huishoudschaar!' Ik werd bot: 'Nee nee, ik vroeg een tuinschaar. Maar ik bedoelde inderdaad een heggenschaar.' Met een gezicht van zeg-wat-je-bedoelt-sukkel beende ze terug naar haar plantjes. Ik wilde nog wat vragen over de heggenscharen, maar ik was alweer alleen.

Ik vroeg naar de mierikswortel in een supermarkt in Amersfoort. Aan een medewerker, een dertiger. Hij kwam mij net door de flapdeuren van achter tegemoet. 'Sorry, weet u de mierikswortel?' Hij dacht even na en zei: 'Geen idee!' en liep door.

Dat dit ongeïnteresseerde, niet-commerciële en klantonvriendelijke gedrag nog bestaat. Deze man moeten ze niet ontslaan. Maar inlijsten en aan de muur hangen. Uniek! Er zijn nog maar enkelen van deze types in de handel. Maar ze zijn er!

Neem je voor:

- Bij élke klant éénmaal doorvragen. Liefst twee maal. (Vraag op vraag.)
- Wat je daarbij kan helpen is je aan te leren niet meteen te gaan lopen. Of tijdens het lopen doorvragen. Eén van twee.
- Zelfs als de vraag duidelijk is kan het herhalen van de vraag zomaar weer wat opleveren. Voorbeeld:

Mevrouw de klant: 'Ik zoek een steeksleutelsetje.'
Verkoper: 'Een steeksleutelset?'
Mevrouw de klant: 'Ja, maar niet zo'n dure hoor. Het is voor mijn zoon van tien. Hij wil wat aan zijn fiets kunnen sleutelen.' (Informatie! Waarop je het aanbod kan afstemmen!)
Verkoper met glimlach terwijl ze door de bouwmarkt lopen: 'Dat kun je niet jong genoeg stimuleren.'
En tijdens de verkoop: 'Ik zou toch minimaal deze set van zeven doen. Met die set van drie zitten voor een fiets wel erg weinig mogelijkheden.'

Een supermarktondernemer vroeg als volgt door.

Klant: 'Jongeman, als ik twintig kratten Amstel koop, kan ik dan de ongeopende flesjes terugbrengen?'
Vakkenvuller: 'Oei, dat weet ik niet. Effe vragen. Ogenblikje.'

In plaats van deze vraag van achter zijn bureau te beantwoorden, kwam de ondernemer zelf de winkel in.
Ondernemer: 'Mevrouw. U wilt aan het bier?' Gewaagde opening, maar voorruit.
Klant met lachje: 'Nou, ik niet. We organiseren een schoolfeest en nu wilde ik vragen of het ongeopende bier maandag teruggebracht kan worden. Ik wil vijftien kratten.'
Ondernemer: 'Een feest! Wat leuk. Van welke school?' Doorvraag! Draait bewust om het antwoord heen. Gaat nog niet lopen.
Klant: 'Ik ben Corry van Cleef van het Hugo de Groot Lyceum.'
Ondernemer geeft hand: 'Henk Hijster. En u bent de directeur?' Doorvraag! Het gesprek ontspant en wordt informeler.
Klant: 'Nee, dat zou een janboel worden. Ik ben personeelsmanager. En heb de twijfelachtige eer in de feestcommissie te zitten.'
Ondernemer: 'U zou het liever niet doen?' Het wordt een ongeforceerd gesprek. Mevrouw is bezig kennis te worden.
Klant: 'Nou, het is soms niet meer leuk. Er wordt zo gezopen door de leerlingen. Maar we limiteren het nu met bierbonnetjes. Max drie per leerling.'
Ondernemer: 'Hoeveel komen er?' Informatieve doorvraag.
Klant: 'Honderdvijftig, tweehonderd...'
Ondernemer: 'Keer drie... eh... dan kom je al gauw op 25 kratten. En wat over is mag gewoon terug.'
Klant: 'Eh... je rekent snel.' Het tutoyeren begint.
Ondernemer: 'Opgelet op school. Heb je vervoer?'
Klant: 'Onze conciërge heeft een bestelwagentje. Die komt morgen dan even langs.'
Ondernemer: 'Zullen we het niet gewoon even brengen?'

Klant: 'Doen jullie dat? Dat zou prettig zijn.'
Ondernemer: 'Heb je ook aan fris gedacht? Niet iedereen drinkt bier. En chips?'

Waargebeurd verhaal. Deze ondernemer heeft jaren lang voor drie middelbare scholen in zijn plaats alle feesten gefaciliteerd. De tamtam gaat snel. En zonder korting. Alleen door achter zijn bureau vandaan te komen en door te vragen. Moet ik meer zeggen?

- Doorvragen is niet nieuwsgierig, maar een goede vorm van aandacht.
- Doorvragen voorkomt veel irritaties.
- Doorvragen bespaart tijd.
- Doorvragen opent een doos informatie die anders dicht blijft.
- Met die informatie kun je... zie vorige hoofdstukken.
- Met doorvragen toon je op een natuurlijke wijze interesse.
- Doorvragen kan jarenlang extra omzet opleveren.
- Er wordt zo weinig doorgevraagd... Dus een mooie manier om je te onderscheiden.

Vraag

Wil je me beloven dat je voortaan minimaal één keer doorvraagt voor je gaat lopen? Of liever... beloof je het jezelf?

16 Haal inspiratie uit de klant

Winkelkoks zijn lieden die in supermarkten staan te kokkerellen. Ze laten klanten proeven en ze proberen meteen de bijbehorende producten te slijten. Het zijn vaak geen opgeleide koks. En dat moet ook niet. De recepten zijn eenvoudig.

Het koken en bakken gaat in een handomdraai. En des te meer ruimte en mogelijkheden zijn er voor deze winkelkoks om contact te maken met passerende klanten. Dat is een wezenlijk onderdeel van hun baan: entertainen. Ik mocht voor deze leuke doelgroep een aantal workshops verzorgen. Eerst deed ik wat mysteryguest-bezoeken.

In een aantal winkels deed ik het volgende. Eerst met een bocht om het kookeiland heen. Dan vulde ik in de koekjesgang de bodem van mijn karretje met vijftien rollen beschuit. En sukkelde terug richting de kok en z'n hapjes. 'Wilt u wat proeven meneer?' 'Nou, zal ik dat nu wel doen..?' 'U weet niet wat u mist. Een heerlijke ... (iets met rijst). En makkelijk klaar te maken.' 'Hmmm...' Knabbelend slenterde ik door. En druk ging hij verder met het vullen van bakjes.

Als hij met één blik mij goed had waargenomen en hij wist het moment te pakken voor écht contact, dan had hij bijvoorbeeld kunnen vragen: 'Kan ik u feliciteren met een geboorte?'
Dan had ik dat kunnen bevestigen: 'Hoe raadt u het!' En had hij me een hand kunnen geven en informeren naar de baby... enzovoort.

Klanten geven informatie weg. Kijk maar naar ze. Informatie waarop je kan improviseren. En zelfs een aanname doen (geboorte) hoeft niet fout te zijn. Als ik de kok ontkennend had geantwoord had hij gewoon kunnen zeggen: 'Dan bent u dus gewoon een liefhebber...' En de gemiddelde klant had dan wel iets teruggezegd. Misschien alleen maar: 'Dat zou je wel willen weten, hè?' En dat ik een beschuitfetisjist ben hoeft hij niet te weten.

Haal inspiratie uit de klant en maak van daaruit contact. En probeer het eens vragend. Dan pin je niemand vast. Bijvoorbeeld: 'Zo, u dacht: met dit weer ik doe de muts maar eens op?' 'Ik vind u wel een typje keukenprinses. Of sla ik de plank helemaal mis?' 'U wilde het eens professioneel aanpakken?'
Het zijn soms kleine openingen. Vrolijke, vriendelijke vraagjes. Die je ook de buurvrouw zou vragen. En omdat er een vraag gesteld wordt, wordt er geantwoord. Met informatie waarop je kunt improviseren. Al naar gelang je het rustig of druk hebt.

Nog maar weer eens het tuincentrum. Wat dan aardig is om in het restaurant een kop koffie te nemen en schijnbaar een krantje te lezen, terwijl je observeert. Verkopers en klanten. Ik zat er eens op een moment dat hoofdzakelijk de 'grijze golf*' de winkel overspoelde. Echtpaartjes van 65+ waarvan de man steevast ongeïnspireerd de kar duwt. Een medewerker kruiste de route van zo'n echtpaartje. Waarschijnlijk waren het al kennissen in de zin zoals ik het eerder beschreef. De medewerker riep al op enige afstand: 'Zo, moest je weer mee vandaag?' De grijzende man grijnsde en kaatste meteen terug: 'Ja, en ik moet straks nog betalen ook!' Er werd even geremd op de kruising, een paar zinnen gewisseld terwijl mevrouw door liep en met brede glimlachen vervolgden beide mannen hun eigen weg.

Prachtig. De medewerker las de man. Zag hoe hij erbij liep. En improviseerde daarop. In een flits. Hij pakte zijn moment. Met een vraag. Met lichte humor. Resultaat: het bestaande contact werd opnieuw bevestigd. Verstevigd. Ook al heeft de man een broertje dood aan dit soort geshop van vrouwlief, hij zal bij voorkeur hier terugkomen. Hier heeft hij inmiddels een positieve geschiedenis.

- Lees de klant, en improviseer op wat je ziet.
- Doe dat bij voorkeur vragend.
- Laat het daarna alle kanten opgaan. Nogmaals: pin de klant niet vast op het beeld dat jij hebt. Geen klanttypes alsjeblieft.

Vraag

Wanneer bleek de klant anders dan je eerst had ingeschat? Leuk hè?

17 Goede en foute routine

Wij mensen hebben een enorme behoefte aan routine. Voor een winkel geldt dat zeker.

- Graag op dinsdag de levering uit het DC.
- Eén vaste volgorde van weghangen.
- Altijd van achteren aanvullen.
- Nooit de kassa tellen voor het rolluik dicht is.
- De klant in de winkel heeft voorrang op de telefonische bestellingen.
- First-in-first-out.

Ik hussel maar wat branches door elkaar. Jij kent je winkelroutines beter dan ik. *Goede routine* en duidelijke afspraken maken je winkelwerk vloeibaarder. Lekker makkelijk. Het stroomt. Routine? Ja! Hard nodig.

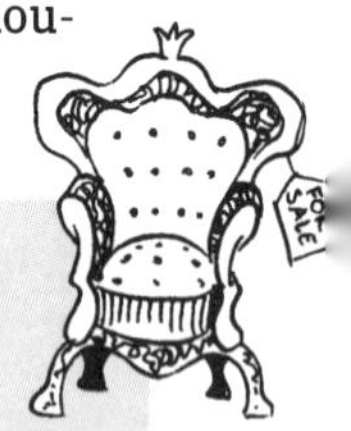

Ik kan nogal gehaast zijn. Er zitten vaak te weinig werkuren in een dag. Altijd sjezen. Het begrip 'pauze' moest me telkens weer uitgelegd worden. Noodgedwongen doet uiteindelijk een psycholoog dat dan.
Ik had een afspraak in hartje Leiden. Normaal bereken ik de reistijd, plus tien minuten voor calamiteiten. Met de les van de psych telde ik daar dit keer nog eens een

half uur bij op. Ik was dus vroeg in Leiden en besloot opeens de auto net buiten het centrum te parkeren. En lopend naar de afspraak te gaan. Mooi weer. Pauze-loopje. Op een hoekje aan de gracht stond een deur open en er klonk muziek. In de kleine etalage hing een intrigerende foto. Ik loerde naar binnen. Het bleek een mini-expositie te zijn van een fotograaf, die zijn onderwerp op een speciale wijze benaderde.
Tien minuten later stapte ik weer buiten. Met een inspirerend idee voor een theatervorm. Die ik later in één van mijn theaterstukken gebruikte. Dikke winst dus.

Ik zei al, routine in een winkel is prima en nodig. Toch is het goed ook je routine eens opnieuw te bezien. Vooral in het klantcontact. Hoeveel routine is daar ingeslopen. Wat je werk ongemerkt suf, saai en standaard maakt. Terwijl daar veel werkplezier te halen valt. En omzet. In mijn woorden dus *foute routine.*

Huishoudzaak - routine

Goedendag. U wilde deze spatel afrekenen? *Graag.* Is het een cadeautje? *Nee hoor.* Gaat het zo mee of wilt u liever een tasje? *Eh... doe maar een tasje.* Hij past hier nét niet in. *Prima.* Zeven euro tachtig alstublieft. Pinnen? (In stilte wordt gepind.) Prettige dag. *Dag.*

Op deze manier heb je tientallen vriendelijke routinegesprekjes per dag. Maar wat dacht je hiervan?

Huishoudzaak - geen routine

Goedendag. U wilde deze spatel afrekenen? *Graag.* Ze zijn leuk hè, met die gebogen handvaten. *Ja, het is net even anders.* Italiaans ontwerp. Die lui kunnen dat. En die lijn is doorgezet in het bestek. *O ja?* Die liggen... (De winkel inkijkend) Wacht, ik pak ze even. Moet u echt even zien. Heel mooi. *Ik loop wel even mee.*

Uiteindelijk worden er nog vier setjes bestek verkocht! Lang niet bij elke klant gaat het zo. Maar je *creëert de kans* dat het zo kan gaan. Door veel routineus klantcontact mis je omzet. En enthousiasme voor je eigen producten. *Door enthousiasme door te geven blijf je ook zelf enthousiast.*

Ik heb eens twintig minuten met een klokhuisje rond gelopen op de benedenverdieping van een grote sportzaak. Heb loopschoenen in m'n handen gehad... Sportjack aan en uit gehad, gesnuffeld... Een paar keer werd ik vriendelijk begroet, ook een aantal keren niet. En met een vriendelijke knik van de koffiedrinkende man achter de balie verliet ik de winkel.

Waarom zegt niemand van het personeel: 'Wilt u misschien uw klokhuisje kwijt?' Zo voor de hand liggend. Deze winkel ademde de routine van de-winkel-op-orde-hebben. Hard werken. Inruimen, sorteren, pauze, prijsjes, bestellingen... Taakgerichte routine. Maar verliest daarmee totaal de rondzoekende klant uit het oog. Merkt deze nauwelijks op. Laat staan dat ze me een prullenbak voor het klokhuis hadden kunnen wijzen.

Schrikbarend te lezen dat circa zestig procent van de klanten een winkel verlaat zonder iets te kopen, terwijl men dat wel van plan was. En daarvoor geld in de zak heeft.

- ➾ Een goede winkelroutine: top!
- ➾ Voorkom zo veel mogelijk de routine in het klantcontact. Het kan je verrassen.
- ➾ Durf hiermee eens te experimenteren.
- ➾ Er is maar één ding belangrijker dan je winkel op orde hebben: de klant.

Vraag

Kun jij het verschil aangeven waar routine handig is en waar het 'dodelijk' is?

18 Zoek een andere baan

De behoefte aan routine is sterk in ons aanwezig. Dat maakt het extra moeilijk. Routine is namelijk ook gemak. Jouw systeem wil het liefst gemak. Jouw gemak. Hoe hinderlijk is het dan als dit gemak verstoord wordt. Denk aan Tonny uit hoofdstuk 1. Ongemak irriteert. Klanten irriteren. Met twee zoekwoorden in Google kreeg ik een waslijst met irritaties:

- Als ze je artikelen door elkaar gooien.
- Als ze iets verkeerd terugzetten.
- Als ze vragen naar de aanbieding waar ze zowat over struikelen.
- Als ze bij je naar het toilet willen.
- Als ze een onbehoorlijke vraag stellen.
- Als ze kritisch zijn.
- Als ze met te groot geld betalen.
- Als hun kind krijst.
- Als ze niet eerst kijken voor ze vragen.
- Als je hetzelfde antwoord die dag al veertig keer gaf.
- Als je moet helpen terwijl je nog geen koffie hebt gehad.
- Als je met je collega net effe het weekend doorneemt.
- Als je net op het trapje staat om die actie op te hangen.
- Als je voor de vijfde keer in zo'n klusje gestoord wordt.
- Als je onverwachts moet bijspringen.
- Als er om vijf voor negen ongeduldige klanten voor de deur staan.

- Als er om tien voor zes een slow-shopper je winkel binnenkomt.
- Als klanten geld terug willen in plaats van een tegoedbon.
- Als klanten klagen.
- Als ze om de baas vragen.
- Als ze rommel achterlaten.
- Als hun kinderen zich niet gedragen.
- Als die schatjes jouw vitrineglas bevuilen.
- Als ze iets laten vallen.
- Als ze naar internet ruiken (hoofdstuk 4).
- Als ze hun kassabon niet bij zich hebben.
- Als ze veel vragen en niets kopen.
- Als je voelt dat ze liegen.
- Als ze willen afdingen.

Verzin er nog maar een paar waar jij je in jouw winkel aan ergert. Irritatie is menselijk. Maar wordt wel extra opgeroepen wanneer klanten inbreken in onze routinehandelingen. En besef: met jouw *eerste reactie* op zo'n 'inbraak' vertel je de klant alles: of ze storen, ze je ergeren, enzovoort. Daarmee beïnvloed je het gesprek dat er op volgt. Haast niets meer aan te doen. Secondenwerk!

> Ik liet in een supermarkt een potje pizzasaus vallen. Oké, met opzet, maar dat wist de vulploeger niet. Hij stond een paar meter van mij af, druk bezig de potjes Olvarit uit elkaar te houden en aan te vullen. Er waren nog heel wat doosjes te gaan. Op het geluid van het kapot-ketsende potje draaide hij zich om, overzag geërgerd de bende, zag mij en grijnsde geforceerd. Met zijn handen in de zij: 'Geeft niets. Kan gebeuren!' Maar in die twee seconden vóór de grijns las ik op zijn gezicht: 'Klootzak! Ik moet het weer opruimen!'

Alweer secondenwerk dus! Krijg ik in die eerste seconden een hand of een dreun? 'Verliefd' of niet? Ach, voor zo'n jongen van zestien is het al een hele prestatie dat hij mij min of meer geruststelt. Want het schoonmaken van pizzasaus is een kloteklusje. Ik doe dit trucje wel eens vaker en vertel in mijn powerspeeches* wat je dan allemaal meemaakt... Logisch. Omdat je met zo'n potje de routine van de medewerker verstoort. Gemak wordt ongemak.

Hoe reageert de klant die iets laat vallen? Of hij loopt schouderophalend door, wat je nog meer kan irriteren. Of, en dat is gelukkig vaker het geval, de klant voelt zichzelf onhandig en ongemakkelijk. Dan is de geruststelling van de vulploeger prima. Maar een klant (lees: een mens) voelt onmiddellijk een onuitgesproken reactie van een ander. Onze mimiek* zegt vaak meer dan woorden. Mimiek en houding geeft vaak meer boodschap af dan het gesproken woord.

Hoe voorkomen we nu dat we onze irritaties zo snel tonen?
Ten eerste: het zit van binnen. Als jij ervan overtuigd bent dat klanten blij maken het hoogste goed is, zul je makkelijker anders kunnen reageren. Meteen denken vanuit de klant dan in de irritatiemodus schieten. Het gaat dus om je overtuiging. Laat ik het woord bezieling maar eens gebruiken. Denken vanuit je eigen ongemak: shit, dat heb ik weer! Of denken vanuit de-klant-blij-maken: sneu voor die man. Hij zal zich wel lullig voelen.
Ten tweede: herlees even de anekdote van de doza in hoofdstuk 15: 'Zo-kom-ik-nooit-aan-mijn-werk-toe!' Ik hoor die nogal eens. Maar besef: klanten helpen is je werk!

We kunnen soms zo opgaan in dat wat we allemaal nog moeten doen in onze winkel: prijzen, vullen, bestellingen doorgeven, overzichtjes bijwerken, retouren afhandelen, schoonmaken... Allemaal belangrijk. Maar als we niet voor tweehonderd procent de overtuiging aanhangen dat klanten helpen altijd voorgaat,

dan ligt jouw ergernis zomaar aan de oppervlakte! En dat merkt/ziet/hoort/ruikt een klant. Dan is het 'gunnen' ver weg.
Ten derde: ik herhaal: klanten blij maken geeft een kick. Is dit werkplezier je nog nooit overkomen? Haast je eraan te werken of zoek een andere baan.

- Besef dat veel klantgedrag kan irriteren.
- Je irritaties zijn in enkele seconden zichtbaar.
- Na voelbare irritatie gaat de klant je minder gunnen.
- Stel je innerlijke overtuigingen bij. (WDSP*) Anders wordt het nooit wat.
- Klanten helpen is je werk!
- Bij ongelukjes: eerst de klant, dan het debacle!

Vraag

Ga je morgen experimenteren? Noteer jouw persoonlijke klant-erger-je-top 5. Noteer daarachter vijf tips om je ergernis om te zetten in blij-helpen.

19 Routinewissel

Écht contact is geen routine. (Hoofdstuk 17)

Het moeilijkst is het wisselen van routine naar geen routine en weer terug. Je bent zelf ook klant. Het ontgaat je vast niet in winkels. Er zit zó veel routine in het klantcontact. Je hoort het vaak al aan de teksten. En let dan ook eens op de houding en het routinematige gezicht.

> Ik kwam op een maandagmiddag bij een WE-kledingwinkel. Een stil moment. Twee winkeldames stonden bij de counter het weekend door te nemen: klepperdeklepperdeklep. Opeens zagen ze mij bij de truientafel staan zoeken. Ze moeten gedacht hebben: 'Verrek, een klant. Even niet gezien.' Dame 1 kwam naar mij toe en vroeg aan mijn rug: 'Kan ik u helpen of kijkt uzelf even?' Ik draaide mijn hoofd om te antwoorden, maar ze was al weer twee stappen op de terugweg en zette het gesprek met dame 2 voort: 'En... wat zei hij toen?'

Zie je het plaatje voor je? Het contact met de collega was *écht*: over vriendjes enzo. Het contact met mij was *routine*.
'Kan ik u helpen of kijkt uzelf even?' is een zinnetje dat ooit

is ontstaan om mensen aan te spreken en toch de ruimte te geven hun eigen gang te gaan. Mooi! Want modezaken waar ze meteen gretig in je nek staan te hijgen mijd ook ik als de ziekte. Maar deze prachtige zin is zó routine geworden. Je hoort 'm in heel Nederland. En vooral de wijze waarop! Zoals deze dame...

Nog maar wat zinnetjes: 'Tasje bij? Anders nog? Wie dan? Pinne? Kan ik helpen?' Vaak korte afgekloven zinnetjes. En vooral de manier waarop! Dat is nog belangrijker dan de tekst zelf. Een oprecht, persoonlijk en hartelijk uitgesproken 'Kan ik u helpen?' moet natuurlijk kunnen.

Maar probeer het eens anders! Experimenteer.

Teamoefeningetje:

- Bespreek het onderwerp met elkaar.
- Noteer elkaars routinezinnetjes die je in een week tijd (of dag) van elkaar oppikt.
- Benoem aan het eind van een winkelweek (of dag) elkaars routinezinnetjes.
- Lach er met elkaar om!
- Verbied elkaar een afgesproken tijd (dag, dagen) dit zinnetje nog te gebruiken.

Ik deed dit eens met een team dames in een bakkerij. Verbazend wat voor een grappige vondsten er omhoog kwamen.

Tijdens dit experiment stond ik zo'n beetje achter en dan weer in de winkel. We deden verschillende experimenten die ochtend en dan is directe feedback heel zinvol. Na een poosje werd er tussen een paar brooddames gegiecheld. Nee... geproest. Waarop een klant, mevrouw met gek hoedje, even verstoord opkeek. Eén van de meiden begon het experiment aan mevrouw de klant uit te leggen. Helemaal leuk vond die dame het. Twee andere klanten luisterden mee en werden deel van de gezelligheid. Eén kwam zelf ook met een voorbeeld wat ze pas nog had meegemaakt bij de V&D. Heeft drie minuten gekost.

Wat leverde dit experiment op?

1. Bewust worden van routines.
2. De bezem erdoor, bakens verzetten.
3. Klanten werden betrokken.
4. Winkelplezier voor allemaal.
5. Verkoopsters en klanten: een gezellige kennissenkring. Klanten werden dus kennissen.
6. Misschien is het gedeeld met de buren: 'Weet je wat ze aan het doen waren bij bakker Vermeulen? Zo grappig; ze deden een experiment...'

Kortom: je wordt geprikkeld de kwaliteit van je contactmomenten te onderzoeken. Dit is nu zo'n voorbeeld dat het ene onderwerp het andere raakt. En weer een ander. Het zij zo. Mijn wens is dat er meer 'schwung' in je winkel komt.

➾ Klantcontact is geen routine!
➾ Experimenteer eens met iets!
➾ Experimenteer vooral samen!
➾ Laat de boel swingen. Dat begint met er moeite voor te doen. Daarna gaat het 'swingen'!

Vraag

Welke routinebenadering schop jij er eens uit?

ADEMHALEN

20 Ombuigen

Voor op mijn platje* kocht ik in de uitverkoop een mooi houten buitentafeltje. Het hout zou wel gaan vergrijzen. Dat had de verkoopster me eerlijk verteld. Tenzij ik het vier keer in het jaar in een soort was zette. Vier keer! Dat ging Troost niet doen. Maar toen de regen neerkletterde op zijn nieuw blankhouten tafeltje toog hij toch naar de markt. Ik had wel eens zo'n kraam gezien met tafelzeilen van de rol in leuke prints. Volvlakken met aardbeien, aardappelen, zonnebloemen, knalgroene appels en ook brievenbussen en putdeksels. Ik was teleurgesteld bij mijn marktkoopman zo veel saaie prints te zien liggen: bleekgeel met wat wazige vogeltjes, wat rollen beige met een onbestemd patroontje en meer van dat. Het plaatje in mijn hoofd zag er anders uit. Ik zei teleurgesteld: 'Weinig spannends.' Hij zei zonder ergernis: 'Vindt u dat nu werkelijk? Ik vind het nog wel gaan.' En met die woorden trok hij er twee rollen uit: aardbeien en zonnebloemen en rolde van elk een meter af. De kraam was opeens geel en rood. Toch best wel knal. Even nog zocht ik, maar meer opwinding kon ik tussen de designs niet vinden. Uiteindelijk kocht ik anderhalve meter kiezelsteen. Best grappig. En deze remt nu de vergrijzing van mijn tafeltje, naar ik hoop.

'Weinig spannends.' In twee woorden sabelde ik zijn secuur uitgekozen collectie neer. Ik besefte dat pas te laat, maar het was al gezegd. De teleurstelling had bij mij de overhand. Wat was een begrijpelijke reactie geweest van de koopman? Ik put even uit oude mysteryguest-notities:

- Licht beledigd: 'Smaken verschillen.'
- Wegkijken met een gezicht van 'zak-in-de-stront.'
- Met een verongelijkt gezicht: 'U bent niets verplicht.'
- Sarcastisch glimlachend: 'Meneer heeft geen smaak. Maar daar kunt u niets aan doen.'
- Vijandig: 'Dan ga je toch naar de Hema...'
- Met middelvinger: 'Krijg de tyfus!'*

Allemaal heel logisch. Bijna allemaal. Waarom reageert mijn

marktkoopman niet zo? In plaats van geïrriteerd te reageren boog hij de zaak om. *Ombuigen!* Een persoonlijke aanval werd omgebogen naar wellicht toch nog een kans tot verkoop. De woorden 'weinig spannends' vertaalde hij bliksemsnel door zijn spannendste designs te laten zien. Oké het waren er niet veel, maar toch.

Bliksemsnel! Jawel, hij rolde bliksemsnel zijn zeiltjes uit. Maar wat veel knapper was, is dat hij in die zelfde paar seconden de denigrerende opmerking van zich af liet glijden. *Niet als persoonlijke aanval opvatte!* Om zich te focussen op de verkoop. Op de kansen die hij nog zag. Ombuigen dus. Als je niet ombuigt, raak je geïrriteerd. En dat is op dit moment niet slim. Niet commercieel. Juist zij die verkopen vanuit het open contact en de relatie (applaus!) moeten hier snel schakelen. Opeens de knop omzetten. Een gladde rug hebben. Een dikke huid. Relativeren. Best moeilijk als je dol bent op je eigen collectie. Maar feitelijk verschillen hier smaken. Meer is het niet.

Best moeilijk. Vooral voor vrouwen. Jullie zijn meer empatisch. Dat is echt fijn. Meestal. (Ik ken namelijk een paar voorbeelden... ach, laat maar.) Maar omdat je empatisch bent, gevoelig en inlevend, ben je ook eerder 'geraakt' in dat gevoel. Persoonlijk aangesproken. Even als waarschuwing: laat je niet gek maken. Focus op wat anders. Namelijk de kick die je kunt hebben als je tóch iets verkoopt aan een wat botte of directe klant. *Van irritatie naar verkoop.* Van je persoonlijk aangevallen voelen naar humor misschien.

- ➾ Voel je niet te snel persoonlijk aangesproken. Het gaat niet over jou! Ze kennen je niet eens.
- ➾ Probeer je focus onmiddellijk te verleggen. Bijvoorbeeld door voordelen van het product te noemen.
- ➾ Speciaal vrouwen zijn (liefdevol) gewaarschuwd.

Opdracht

Ga eens thuis voor de spiegel staan. Denk terug aan jouw reactie op een geïrriteerde klant. Heb je geageerd? Of omgebogen?

21

Koop de bril van de klant, of erger je te pletter

We kwamen deze zomer dus op een volgende camping tussen Moezel en Rijn. Ik parkeerde ons campertje vooraan op een groot, nagenoeg leeg parkeerterrein vlakbij de receptie. We liepen langs de slagboom het gebouwtje in en informeerden naar de prijzen, het zwembad, de camperplekken en dat soort zaken. We besloten hier te blijven.

Maar toen kwam het. Ons werd uitgelegd dat het toch wel de bedoeling was dat we 'voor de slagboom hadden moeten parkeren, voordat we ons hier meldden'. Omdat we geen recht hadden om op het parkeerterrein te parkeren? Omdat die bestemd is voor de auto's van de kampeerders? Ik snap de diepere betekenis van deze regel nu nog niet. En ik vroeg me af: als we deze camping nu niet hadden gekozen en wilden omkeren? Dan was ons campertje vlak voor de slagboom een obstakel geweest voor het eventueel aansluitende campingverkeer. Leg dat allemaal maar eens uit in het Duits. Die behoefte had ik niet. Geluk of gelijk...

Het is wel de bedoeling dat klanten het doen zoals wij het graag willen. Hoe wij het bedacht hebben. En als een klant dat niet doet... ergeren we ons. Dat uit zich vaak in 'niets zeggen.' Maar is wel zichtbaar in de mimiek. Vaak gevolgd door een onderkoelde klantbehandeling. En ik weet zeker, een aantal van jullie is dat niet van zichzelf bewust. Of zijn dát nu juist de types die dit soort boekjes *niet* lezen. Zou kunnen. Jammer.

Zeker weten dat je zelf ook wel eens zo'n ervaring hebt gehad. Want ze gebeuren plenty. Nog wat voorbeeldjes ter verduidelijking.

In een winkel van schilder- en tekenmaterialen zocht ik wat potten acrylverf. Ik twijfelde over de kleur. Ik selecteerde een aantal potten en zette die even op de showkast. Zoiets kun je natuurlijk ook niet doen, maar als twijfelaar waakte ik voor een miskoop. Ook liep ik een paar maal heen en weer naar de etalage om bij meer daglicht de kleur te beoordelen. Uiteindelijk koos ik er drie en zette de hele bliksemse boel weer terug. Terwijl ik naar de kassa liep kwam ik in ferme tred de verkoopster tegen die me waarschijnlijk al die tijd had waargenomen. Ze liep naar het schap waar ik net vandaan kwam en ordende een paar potten acryl. Ik had de spullen waarschijnlijk niet naar behoren teruggezet. Met dezelfde vaart beende ze terug. We rekenden af met allebei een stijf glimlachje. En een op de vingers getikte klant verliet het pand.

Ik had aan 'haar' winkeltje gezeten. Haar ordening. Sorry. En ze had me onuitgesproken op de vingers getikt.

Ik had een moment beide handen nodig om af te rekenen bij de slager en zette mijn klokhuisje even op de toonbank. Ik rekende af en liep de winkel uit. Ik hoorde achter mij een scherp en een geïrriteerd: 'Meneer, u vergeet uw klokhuisje!'

Ik deed iets wat 'niet normaal' was. Een klokhuisje laten staan. In plaats van het klokhuisje zelf even te verwijderen werd ik scherp op mijn tekortkoming gewezen. Kortom: klanten worden nog wel eens in jouw winkelroutine gedwongen. Je dient je als klant te gedragen zoals jij het hebt bedacht. En geen centimeter anders. Dit is wat mij betreft de ernstigste vorm van niet flexibel zijn. Dus: *kijk door de bril van de klant.* Want die is wel eens: vergeetachtig, onhandig, twijfelend, haastig, onwetend of een tikkie aso... Nou en?

Laat de klant juist genieten van jouw diensten. En geniet ervan dat je klanten gedienstig kunt zijn. Dat is je vak! Koester ze. Verwen ze!
'Ja maar, er zijn klanten...'
Donder op met het gejamaar!* Natuurlijk zijn er klanten die... Maar wanneer je je focust op 'er zijn klanten die' zul je ze altijd vinden. Je meer en meer gaan ergeren. Ook andere klanten 'verdacht' gaan vinden. Ergernissen gaan verzamelen en je er bij

de collega, baas of cursusleider over beklagen. En word je ongemerkt de dame uit het verfwinkeltje. (En oké... er zijn 'terechte ja-maren*'.)

Wanneer je je richt op het koesteren van elke klant, noem het klantgedrevenheid, dan neem je die paar uitzonderingen voor lief. Los je even snel op. Wat is nu een klokhuisje? En focus je je weer op het koesteren. De meeste klanten zijn geen lastpakken. Alleen als je het er in wilt zien. Irritante klanten gedragen zich door jouw bril veel irritanter dan door de bril van die klant. Verplaats je een beetje in de klant. Koop hun bril.

Nog een grappig voorbeeld van uit-eigen-perspectief-denken in plaats vanuit de klant. Vandaag op de radio:

Deejay: 'John Bakker van de ANWB verkeersinformatie. Hoe is het met de ochtendspits?'
John: 'Stelt helemaal niks voor. Op de A4 richting Den Haag voor afslag Zoeterwoude vier kilometer. Dat was het al.'

Voor John die gewend is tien files op dat tijdstip voor te lezen stelt het helemaal niets voor. Maar voor de automobilist (de klant) die net aansluit in die file is het klote! Hoezo het stelt niets voor... Had gezegd: er is nauwelijks een ochtend spits, maar de automobilisten op de A4 richting Den Haag hebben pech....

Op een camping, onlangs in de Ardèche, liepen we vanaf de parkeerplaats het steile pad naar beneden af. Zeker, er was een kantoortje annex receptie, maar de Nederlandse campingbaas zat aan een tafeltje wat administratie te doen. Hij kwam daarachter vandaan en gaf ons een hand: 'Welkom.' Ik zei: 'We willen eens kijken of we hier een plekje kunnen boeken voor een paar dagen.' Waarop hij zei: 'Dat kan. Maar zal ik eerst eens een glaasje voor jullie inschenken? Waar hebben jullie zin in?'

Ik was echt verbaasd. Zo kan 't dus ook. Vakantie-klanten komen geen plek boeken, ook al zeggen ze dat. Ze zoeken een heerlijke sfeer, een aangename stek, een plek die associeert met prettige vakantiegevoelens...

En mag ik even mijn nadrukkelijke complimenten uitspreken voor al die winkeldames en -heren in modezaken die altijd weer zonder ergernis en met het grootste geduld al die gepaste-maar-niet-gekochte-kleren weer fatsoeneren, ontfrutselen en terughangen? Top.

- Als je let op alles wat klanten 'fout' kunnen doen verchagerijn je je baan.
- Focus je op verwennen, niet op irriteren.
- Koester *al* je klanten.
- Stel, je bent zelf klant. Wie zou jou nu blij maken? Campingbaas 1 of 2?

Vraag

Besef je voldoende dat ook de wat lastige klant meebetaalt aan jouw inkomen, waar je bijvoorbeeld je hobby mee bekostigt?

22

Verliefd op de caissière

Er zijn banen in het winkelbedrijf die wel heel erg uitnodigen tot routine. Caissière bij een tol op de Franse snelwegen. Of op een pompstation. Caissière in een supermarkt is ook een sprekend voorbeeld. Je kent de zinnetjes wel.
Hallo. (Piep piep piep piep piep piep.) Heeft u een klantenkaart? Heeft u een flessenbon? Spaart u Eftelingpunten/voetbalplaatjes... Pinnen? Prettige dag.

En dat driehonderd keer in drie uur. Een machine! Ik geef het je te doen. Maar het kan zo veel leuker.

C1000, begin jaren 90. Ze heette Debby. Dat ik dat nú nog weet. (Of was het Peggy?) Ik deed standaard op zaterdagochtend de weekendboodschappen. En Debby was een caissière die er wat van maakte. (Een nogal over-opgetutte meid. Niet echt mijn smaak.) Inmiddels wist ik van haar dat ze in Leiden rechten studeerde en in Gouda een vriend had.

Wij waren melkdrinkers thuis en voor een extra lang weekend zette ik eens tien pakken melk op de toonbank. 'Misschien moet u een koe kopen,' zei ze. 'Da's een idee,' zei ik. Debby, met lach en pretogen: 'Wij hebben ze niet, maar bij de Welkoop misschien...'

Op een zaterdagochtend kwam ik bij de kassa. De rij van Debby was langer dan de rij ernaast. Dus daar sloot ik aan.... maar ik bedacht me. En sloot toch aan bij de langste rij. Ik wilde bij Debby!

In de goede zin van het woord: ik was 'verliefd' op de caissière. We wisten wat dingetjes van elkaar omdat ze die had prijsgegeven! En ze was op een natuurlijke wijze in staat een klein 'praatje klets' met een klant te maken. Gewoon gezellig. Dat hoeft niet per se bij elke klant. Maar bewust of onbewust zocht ze naar een aanknopingspunt. En benutte die. De actie lag bij haar! Ze had er een antenne voor ontwikkeld.
Ik doe dit werk al jaren en had de arrogantie te denken dat ik boven dit soort klantgedrag stond. Onzin dus. Écht contact verbindt mensen. En daarvoor kies je zelfs de wat langere rij.

Debby's winst: meer werkplezier voor zichzelf. Hoezo eentonig werk? Fun! Ik vraag klanten wel eens waarom ze bij die of die supermarkt winkelen. Op nummer 1, 2 of 3 staat steevast: gezellig! En dat komt dus door de Debby's onder jullie. Hoe moeilijk is het?

Voor alle caissières onder jullie:

- Word een Debby! (Make-up mag je zelf weten.)
- Je werkt met een machine (de kassa). Word zelf geen machine.
- Er zijn aan de lopende band aanknopingspunten voor leuk contact.
- Wacht niet af! Neem zelf de actie tot leuk contact. Ontwikkel daarvoor een antenne!

Vraag

Zoek jij wel eens bewust naar die aanknopingspunten met je klant?

23 Spelen is niet vals

Het is jammer dat klantcontact zo vaak in de routinesfeer zit. Het lijkt op prijsjes plakken. Dat kan dus anders door bijvoorbeeld anders aan te spreken. En nogmaals: herhaling van teksten of grapjes is niet erg. Dat voorkom je niet. Daar heb je (meestal) te veel klanten voor.

Maar er zijn nog alternatieve mogelijkheden. Op dat been werd ik jaren geleden gezet door een schoenenverkoper*. Heel precies weet ik het niet meer, maar zijn performance heb ik onthouden. De dialoog is op herinnering gefingeerd.

Het was in Alphen aan den Rijn. Ik moest schoenen hebben en ik ben inderdaad zo'n klant die zich af laat schrikken door een meteen in-de-nek-hijgende-verkoper.

Er waren wat meer kijkers. Een jong gezin voor kinderschoentjes, want de grond lag ermee bezaaid. En een rondzoekende dame. Deze details zijn van belang voor deze kleine detective. Ik liep langs wat schappen en nam eens een schoen links en rechts in de hand. Beetje dat werk. Schuin achter me hoorde ik een stem: 'Pardon, zou ik even iets mogen pakken?'

'Natuurlijk,' en ik deed een stap opzij. Met een twee-treden-trapje haalde een verkoper een bovenste rode doos van de stapels die op de showkast stonden. Het bleek een hartelijke man. 'Jammer dat je niet altijd alles kunt showen aan klanten. Dan zou de winkel twee keer zou groot moeten zijn. Neem dit nou...' en liet me in een vloeiende beweging de schoenen in de doos zien. 'Kijk, die zou ik hier bij gezet willen hebben.' Hij tilde ze even uit de doos. Ik bekeek ze.
'Beetje té stompe neuzen,' zei ik. 'Dit idee schoen heb ik ook met een plattere neus. Die staan hieronder, wat minder in het zicht. Maat 43 denk ik?'
'42 half, 43. Dat hangt er soms vanaf,' en even later zat ik op het bankje te passen en hij veterde alvast de schoenen waar ik nog aan toe moest komen. De rode schoenendoos die hij van de plank had gehaald stond inmiddels op de toonbank. Ik koos een paar dat me goed leek - wat schoenen betreft ben ik een razendsnelle beslisser - en rekende af. Toevallig draaide ik me nog even om bij het verlaten van de winkel en ik zag dat hij de rode doos weer boven op de kast terugzette. Er waren op dat moment geen klanten voor zulke schoenen in de winkel. Behalve ik! Die rode doos had hij helemaal niet nodig gehad. Het was gespeeld!

Ik voelde me eerst gepiepeld. Maar een vriend zei later tegen me: 'Da's toch slim? Hij gebruikt de rode doos om 'natuurlijk' contact te maken!'
Inderdaad. Rete-slim. En eigenlijk hartstikke leuk. Natuurlijk jammer voor de man dat ik hem de doos terug zag zetten. Bijna gelukt dus. Je mag dit vals of nep vinden. Prima. Dan geldt: *don't try this at your store*. Want dat gaat mislukken. Maar ik vind het subliem! Ik hou wel van het spel dat verkoop heet. Zonder onecht of glad te worden.

Zeker in de modebranche. Het wemelt van de concurrenten. Dus je wilt een klant in de winkel niet gauw laten schieten. Maar ook niet afschrikken met het 'nekschot': 'Kan ik u helpen of kijkt u zelf even?' Bovenstaande anekdote is een prachtige vorm van 'Doe iets!' (Hoofdstuk 6). Het kan misschien minder 'vals'. Door de klant te lezen*. Je kunt vaak lezen of een klant al dan niet geholpen wil worden. En wat dán de logische vraag is. Even nog de mode:

- Iemand kijkt in kraagjes. 'Zit uw maat erbij?'
- Iemand woelt door de truien. 'Zoekt u een speciale kleur?'
- Iemand kijkt bewust weg. Wel groeten! Maar vooral eerst even laten voordat je een contactmoment kiest.
- Een mevrouw komt (waarschijnlijk) met de dochter zoeken. Even 'lezen'. En dan: 'Zo. U moest mee om te keuren?'
- Of andersom. Met een lachje: 'Je moeder durfde niet zonder jou?' Moet je er wel even 'toevallig' langslopen. Ach, maar je hebt zo een loopje verzonnen. Wat haakjes terughangen... Of een rode doos... En stel dat de dochter zegt: 'Het is mijn tante.' Dan is het contact helemaal zo gemaakt: 'Jullie lijken toch wel wat op elkaar.' Moet wel gemeend zijn.

- En wat doe je met de echtgenoot die met of zonder engelengeduld een mening moet hebben over elk aangepast jurkje.

Lees de man. En je weet het.
'U heeft wel engelengeduld.'
'Gaat u altijd mee kleren kopen?'
'Het lot van een man. Wachten op een vrouw.'
'Weer zo'n dappere man die met zijn vrouw kleren koopt.'
'Leuk dat u met uw vrouw meegaat!'
'Koffie?'

Verzin het zelf maar. Vanuit het lezen van de klant kun je makkelijk en vanzelfsprekend écht contact maken. Ik wil wedden dat je in acht van de tien gevallen een leuk of vriendelijk antwoord krijgt. Waaruit al gauw hartelijkheid ontstaat. Of al gauw gelachen wordt. Tip: schat af en toe eens de maat van de klant in. Maar doe het met opzet flatteus. Net een maatje slanker dan mevrouw is. Indirect complimenteer je. Verkoopster: 'U heeft maatje... eh...36?' Klant: 'Nee... was het maar zo'n feest. 38!' Verkoopster: 'Nou, dat zou ik zo niet zeggen. Eens kijken. Maat 38 heb ik nog.'

Zoek naar vormen. En naar kansjes om het eens net wat anders te doen. Dan ga je leuke 'dingetjes' ontdekken. In elke branche weer anders. Het maakt van verkopen een feestje!

⇛ Spelen mag. Spelen is leuk.
⇛ Spelen kan nog veel verder gaan. Zie volgende hoofdstuk.
⇛ Bekijk de film *Fish*. Misschien al gezien. Of van gehoord.

Vraag

Heb je de film 'Fish' nog niet gezien? Kijk eens op www.deklantisgeenkoning.nl/fish voor een preview!

24 Doe eens gek!

'Wees niet saai!' Was ook een goede titel van dit hoofdstukje geweest. Ik roep het wel eens vaker voor een zaaltje: doe eens gek! We zijn te braaf. De klant is geen koning! Als je gek doet, moet je natuurlijk wel de klant blijven lezen. En een oud vrouwtje niet meteen om de hals vallen.

In een supermarkt, een C1000 ergens onder Eindhoven, werkte een assistent-afdelingschef van zo'n 23 jaar. Hij had werkelijk een reuze leuk en soms pikant contact met een vaste klant, een bejaarde dame. Giechelend werden er dan dubbelzinnige grapjes gemaakt. Nee, bekrompen was ze niet. Hij wist zelfs wanneer ze jarig was. Hij nam de moeite een verjaardagskaart voor haar te kopen en deze op de dag zelf stiekem in haar boodschappentas te stoppen.
Een dag later ontving zijn baas een boze brief. Wat was het geval? De illustratie op de kaart was een grote strik, geknoopt om een stijve penis.

Dat de jongeman het contact bevestigde met een kaartje: klasse! Zo ver gaan er maar weinig. Aan te bevelen! Doe eens gek! Maar dit vliegt ernstig uit de bocht. Niet doorslaan hè!

Er komt een moeder met twee jochies van vijf en acht de winkel intuimelen. Soort Boerenbond winkel maar dan geen lid van die bond. 'Hè hè,' zucht het joch van acht, zijn capuchon afdoend. Ma was ook nogal verwaaid. Herfst, harde wind. De man kwam meteen achter de toonbank vandaan, gaf de jongen van acht een hand en zei: 'Welkom, meneer. Zal ik uw natte jas aanpakken?' 'Nou Joris, wat zeg je dan?' zei de moeder met een grote glimlach...

Het was meteen gezellig, contact en wat al niet meer. Dat is, voor jezelf alleen al, veel leuker dan een 'groetje' van achter de toonbank. Nu kun je tegenwerpen: 'Dááááág! Ik ga een beetje elke klant...' Zo'n reactie komt voort uit een gevoel dat je dat moet. Nee! Niet elke klant. Maar richt je op lol en plezier. Dan gaat het gewoon gebeuren! En heb je het kind, dan bereik je de ouder.

In een cd-winkeltje in Dordrecht stond een wat zalvig muziekje op: Americana, maar dan van het foute soort wat mij betreft. Er liep een man of zes te zoeken. Ik zie altijd meer mannen dan vrouwen in die achteraf cd-shopjes, maar dat terzijde. Het muziekje liep af. De eigenaar, een dikke vijftiger keek over zijn leesbril de winkel in en vroeg luid: 'Heeft er iemand een verzoekje?' Iedereen keek op. Er schoten wat glimlachjes heen en weer. De man naast me vroeg: 'Mag het wat stevig?' 'Natuurlijk,' zei de baas. 'Doe maar iets van Creedence,' zei de klant. En even later klonk het bekende aanloopje op drum van Suzy Q door de winkel.

Hetzelfde gebeurde me in een wat alternatief boekenwinkeltje in Gouda. De vraag was dit keer: 'Wie wil er koffie?'

Generaliserend: in die kleine zaakjes vind je vaak meer bezieling. Dat wat nogal eens ontbreekt in de grote routine-ketens. Maar waarom ontbreekt het daar? Omdat er in ketenwinkels vaak een stroom van klanten passeert, worden verkopers onpersoonlijker. Klanten worden te vaak 'aanwezige dingen'. Zoals de schappen. Maar eigenlijk zit het niet in de keten waarvoor je werkt. Het zit in jou! Wil je het leuke één-op-één-contact met de klant... of saai je uren draaien. Dat is een keuze die je zelf maakt!

De verkoopster in de bakkerszaak snijdt een brood. In zo'n broodmachine. Scherpe mesjes die hevig tekeer gaan. Dat weet je. Ze staat uitgebreid te kletsen en heeft enorme lol met mevrouw de klant. Zeg maar even mevrouw De Vries. Meneer De Vries ziet het glimlachend aan.
In de lachbui zegt mevrouw De Vries tegen de verkoopster: 'Pas jij nou maar op, straks snijd je je vingers nog.' Zegt meneer De Vries: 'Dat kan niet, joh. Da's tegenwoordig allemaal zó beveiligd. Dat kan ik zelfs.' 'O ja?' zegt de verkoopster. 'Nou, komt u maar dan. Mag u uw eigen brood snijden.'
'Neu,' zegt meneer de Vries.
Haar man aanstotend zegt mevrouw met een gemeend lachje: 'Moet je het doen ook, met je grootspraak.' Ze kent hem. Na even wat grappig getouwtrek, een andere klant begon ook aan te moedigen, stond meneer De Vries zelf zijn brood te snijden. De hele winkel plezier. Meneer de Vries inclusief.

De verkoopster kreeg later een soort van reprimande van de teamleider. 'Hoe leuk ook: dit moet je echt niet meer doen.' 'Weet je hoe grappig het was,' verweerde de verkoopster zich. En toen kwamen de argumenten: HACCP*, Arbo en van dat soort soesa. Het zal allemaal waar zijn... maar help! Wat wordt het gezapig in Nederland. Regels zijn ontstaan uit een zekere noodzaak. Oké. Maar overdrijf niet om ze te houden. Die verkoopster was een kanjer. Die durfde tenminste eens gek te doen.

Even terug naar de Knot van hoofdstuk 5. Lees het tweede verhaaltje nog eens. Wat doet de Knot? Ze gaat samen met de klant het bordje uitproberen. Ze geeft de klant zelfs een opdracht: 'Moet u daar blijven staan.' Ze heeft een vrijmoedigheid om iets met de klant te doen. Vaak levert dat in de contactsfeer de leukste dingen op!

Een kaart kopen voor een verjaardag van een vaste klant, een kind een hand geven, de vraag of iemand een verzoekje heeft of koffie wil, een klant brood laten snijden, iets samen doen met een klant... Zeg nou zelf: zo gek is het eigenlijk niet!

Soms heeft een collega meer de lach aan zijn broek hangen dan jij zelf. Neemt eerder het voortouw voor gekkigheidjes met klanten. Ga die collega dan niet afvallen uit een soort van jaloezie of wat dan ook. 'Wat een uitslover', 'doe toch normaal' en dit soort gedachten. Ondersteun hem liever. Doe in zijn kielzog mee. De klant ervaart dat vaak als een gezellig team. En onder de koffie vertel je de uitslover maar een keer dat 'ie een leuke uitslover is.

- Doe eens gek.
- Denk niet te gauw: dit is niet normaal. Wat zullen ze wel niet denken.
- Door te doen wat concurrenten ook al doen maak je je winkel niet opvallend. Niet écht onderscheidend.
- Zet met de 'lolbroeken' in je team eens een gebbetje met of voor klanten op.
- Ondersteun deze collega's. Val ze niet af.

Vraag

Kun je lol maken met je kennissen?
Probeer het ook eens met klanten.

25 Zoek eens een afwijking

Voor de achterflap van dit boekje heb ik mijn hoofd van achteren laten fotograferen. Niet echt lezersgericht natuurlijk, maar ik deed dat met een doel. Ik wil namelijk niet herkend worden in winkels. Dan kan ik mijn baantje als mysteryguest wel vergeten. Maar dan had ik de foto toch ook gewoon weg kunnen laten? Nee. Want dit is afwijkend van wat standaard is. Snap je? Onderscheid maken.

Onze routine doodt creativiteit. Dus doorbreek je routine eens. Winkelconcepten zijn tot op de centimeter getest, uitgedacht en hertest. Natuurlijk staan de bakken met onnodig lekkers of goedkope hebbedingetjes bij de kassa. Want daar wachten klanten. En hebben ze tijd om verleid te worden. Helemaal goed. Gewoon doen. Maar in die zin doen alle winkels ook weer hetzelfde.

Net zoals een goed doordacht winkelconcept triggert, triggert een afwijking van het normale ook. Zoek eens een afwijking!

Ik deed een opdracht voor DiBeVo, de brancheorganisatie van dierenspeciaalzaken. Tijdens die opdracht ontmoette ik een ondernemer van een dierenwinkeltje. Hij had elke maand een andere foto van een van zijn klanten aan de muur. Met de huidige techniek is het niet zo moeilijk meer: een digitaal fotootje, een pc en een goede kleurenprinter. Onder de tekst KLANT VAN DE MAAND hing dan een Snuf, een Flappie, een Timmy, een Max of een Koos. Meestal honden, maar ook wel eens een konijn. Zo gauw een klant met het dier in zijn winkel kwam, nam hij een fotootje. In het begin ging het wat moeizaam, maar uiteindelijk namen de klanten (juist ook kinderen) hun hond, kat of konijn mee om gefotografeerd te worden. En baasjes kwamen soms even kijken of hun beest al aan de muur hing. En toch in de winkel: meteen maar iets kopen.

Van/voor-acties zijn prima. Maar deze dierenwinkel bindt klanten écht aan de winkel. Door een afwijkende actie. Gekoppeld aan persoonlijk contact.

Een banketbakker bij ons aan de andere kant van de stad had als actie: voor elk ingeleverd geboortekaartje, als bewijs van echtheid, krijg je een geboortetaart thuis bezorgd. Best een behoorlijke taart met roze-witte of blauw-witte muisjes. Erg leuk. Een afwijkende actie waar over werd gepraat. Wij kochten daar nooit wat, maar na de geboorte van elk kind deed ik er 's avonds een geboortebericht in de bus. Ik heb de winkel nooit van binnen gezien. Maar wel vijf keer een taart gekregen.

Dus met acties die het verschil moeten maken, is van belang dat de actie gekoppeld is aan contact. Het gratis worstje van de slager, de eierkoek bij de bakker, het werkt het beste als je het contact, de relatie weer eens kunt versterken en bevestigen.

Zo'n zeven jaar geleden was er opeens eierenschaarste. Iets met een kippenziekte of de dreiging ervan. In ieder geval, er mochten van de minister geen eieren meer verhandeld worden. Ik zie de Brabantse supermarktondernemer nog zo voor me. Ik weet zelfs zijn naam nog en dat zegt wat. (Namen zijn mijn valkuil.) Leuke vent met bezieling. Wat deed hij? Stapte na wat telefoontjes op zondagmiddag in zijn caddy en reed naar België. Kocht eieren en had 's maandags twee grote krijtborden voor zijn winkel staan: HIER WÉL EIEREN. Hij droeg zijn personeel op met klanten over de eieren te praten. Gister vers uit België gehaald. De concurrent aan de andere kant van het dorp had het nakijken.

Een alternatief modezaakje (ik denk lid van de Dierenpartij) had in één van de drie pashokjes een levensgrote plastic kop van een hinnikend paard gehangen. Kom er maar eens aan. Als een nietsvermoedende klant het gordijntje opende om wat te passen, schrok ze zich eerst een rotje, en was daarna al of niet positief verrast over de tekst die om de nek was gehangen: 'Onze 'leren' jasjes zijn net zo nep als dit paard.'

Dit soort voorbeelden vertel ik je graag ter inspiratie. Je moet moeite doen om het verschil te maken. Maar het is het waard. Over opvallende winkelacties is nog van alles meer te pruttelen. Maar dan wijk ik af van de strekking van dit boekje. (En de uitgever had toch al commentaar op de lengte.)

- Doorbreek de standaarden eens.
- Plan met je team eens een creatief uur met de vraag: hoe kunnen we leuk afwijken?
- Een afwijkende actie heeft vooral zin als het gekoppeld is aan contactmomenten.

Vraag

Wel eens met je team gebrainstormd over afwijkende acties?

26 'Sorry meneer, dat doen we nooit'

'Hopen doet verkopen', 'op=op', '2 voor de prijs van 1', je kent het allemaal wel. En over schappenplannen zijn hele studies verschenen. Omdat het werkt! Daardoor kopen klanten meer. Vaste waarden die werken in een winkel. Alleen: hoe 'vast' zit het personeel? Ik noem wat 'vaste' antwoorden die je wel herkent als klant of collega. En ik geef er maar meteen mijn onverbloemde kritiek op.

'Sorry meneer, dat doen we nooit'

O, wat makkelijk. Dan ben je eraf. En je doet toch niets fout? Dat doe je wel. Door een servicekans te laten liggen! *Maak eens de uitzondering om het voor een klant wél te doen.* Kom los van je gebruikelijke manier van doen. Ook al kost het moeite. Wat zul je hem verrassen. En aan je binden. Wat daarbij best handig is, is bijvoorbeeld te zeggen: 'Meestal doen we dit niet, maar ik maak graag een uitzondering.' Dan groeit de klant en voelt zich bijzonder. En ook weet hij dat hij niet telkens hetzelfde voordeel kan verwachten (zie hoofdstuk 12).

'Dat mag niet van mijn baas'

Met dit afmakertje creëer je geen blije klanten. Je legt opeens de autoriteit elders. Bij je baas. Hoe waar het ook zal zijn, neem zelf de verantwoording voor wat je wel en niet doet. Als je dit zegt, heb je wat uit te leggen. Alleen dan krijg je begrip.

Afmakertjes werpen waarschijnlijk een drempel op voor een volgend bezoek, want je creëert een teleurstelling bij de klant.

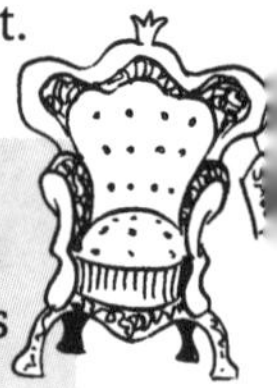

Ik zeg om te testen wel eens bij het afrekenen: 'Sjó, wat ben je weer duur vandaag.' Een flauw grapje, maar soms ook wel een echt gevoel. De reacties heb ik wel eens uitgeschreven op grote stroken en in een theaterprogramma terug laten komen. Een paar:
'Dan gaat u toch ergens anders heen?' 'Dan moet u even bij de HEMA kijken!' 'Dat vind ik zelf ook...' En de mooiste: 'Ik koop ze hier zelf ook nooit.' En natuurlijk: 'Ik maak de prijzen niet!'

Nee, dat doet je baas. Maar verschuil je daar niet achter. Jij mag het met verve uitleggen. Bijvoorbeeld waarom iets de prijs heeft die het heeft. Dat is je werk.

'We hebben daar nooit klachten over' / 'Daar heeft nog nooit iemand over geklaagd'

Alsof dat wat uitmaakt. Eén kan de eerste zijn. En toevallig is deze klant dat. Alsof een klacht pas rechtsgeldig is als er een serietje over hetzelfde debacle binnen komt. Indirect zeg je: 'Wat ben jij een kniesoor.' Nou, dat is een lekker begin van een klachtafhandeling. Die wordt nooit meer verliefd.

'We hebben hier geen toilet'

Op een mystery-guest-dag, in een winkelcentrum ergens in de Alblasserwaard, vroeg ik in een groentezaak naar het toilet. Ik had er net een zakje fruit gekocht als middagmaal. Ik wilde die dag zes winkels doen en moest echt nodig. 'We hebben hier geen toilet,' zei de man na het afrekenen. Ik vroeg: 'Waar doe je het zelf dan?' Deze

1-0 werd niet echt geapprecieerd. Hij negeerde me en hij vroeg in de lucht: 'Wie is er dan?'

1. Hoeveel klanten vragen dat nou? Slechts een hele enkele, schat ik in.
2. Een groente*man*. Dus dat is wat anders dan een winkel*vrouw* die alleen in haar zaak staat. En met de toename van winkelcriminaliteit heb ik dáárvoor alle begrip.
3. Midden op de dag met nog eens drie klanten in de zaak. Hoe groot is de kans op een overval?
4. De klant, ik dus, lijkt toch niet op een jatgraag crimineeltje?
5. Ik was zijn klant. Ik had handel gekocht.

Hier valt echt wel weer wat te ja-maren. Bijvoorbeeld door de winkelier in de grote stad. En terecht. Onze samenleving is deels verziekt. Ik ben het ook helemaal eens met de juwelier die geen allochtone jongeren meer in zijn zaak laat. Na drie keer bestolen te zijn door deze gasten. Maar dit is toch van een andere orde. Dus lees de klant. En maak een gul servicegebaar door deze koper het toilet te wijzen. Regels best. Maar maak als het effe kan uitzonderingen.

'Dat doet niemand'

Mijn tante maakte van die wandtapijten waar van alles opzat en uitstulpte. 3D zou je nu zeggen. Zij fruttelde iets met wollen draden in jute. Maar het kan ook katoen geweest zijn. Je begrijpt: ik begeef me in een totaal onbereisd land. Ze kwam in haar wolwinkel, of hoe dat heet, en vroeg advies over iets wat niet meteen logisch was. De winkeldame keek raar op en zei: 'Dat doet niemand.' Waarop mijn tante scherp van tong antwoordde: 'Ik ben niet niemand.'

Het is nooit meer goed gekomen. Kan nu ook niet meer. Maar juist in een uitzonderlijke vraag zit de kans op buitengewone service! Met 'Dat doet niemand' ontneem je jezelf de kans je winkel als uitzonderlijk neer te zetten. Omdat niemand het doet, moet je eens onderzoeken of jij het juist wél kunt doen.

Mimiek

Gezichtsuitdrukking en lichaamstaal. Ook al beantwoord je een moeilijke vraag met: 'Ik zal eens even voor u kijken', maar je mimiek zegt 'Shit, dat heb ik weer', dan is er van een klant blij maken al weinig meer over.

- Wees geen schappenplan: beantwoord niet standaard.
- Wil niet gemakkelijk van de klant af. Hoe beter je met moeilijke vragen omgaat, hoe meer je de klant aan je bindt.
- Een vraag is nooit 'afwijkend'. Zie juist de mogelijkheid om het verschil te maken met een concurrent.

Vraag

Wel eens ervaren wat het je doet als je een klant met een afwijkende wens blij hebt gemaakt met een afwijkende oplossing?

27 Een tasje erbij is geen service

Ik vraag wel eens aan een groep deelnemers: wat is service? Er komen antwoorden als thuisbezorgen, meelopen, doosjes in de supermarkt, tasje erbij doen. Ik vind dat geen service!

Een relatie van mij, Paul van Pelt, ging eens uit varen met zijn vrouw en een bevriend stel dat een bootje had. Stadjes bezoeken, langs een van onze rivieren. In een haventje besloten de mannen een hengeltje uit te werpen terwijl de vrouwen gingen shoppen. De dames kwamen in een modezaak. Daar zag mevrouw Van Pelt een prachtig herencolbertje hangen. De verkoper 'las' de klant en haakte in op wat hij zag: 'Mooi hè?' 'Ja prachtig,' zei ze. 'En de man die het aan moet...' vroeg de verkoper. 'Die zit in de boot,' antwoordde ze en hing het jasje terug. 'In de boot?' vroeg de verkoper. Mevrouw vertelde even de situatie en zei: 'Misschien kan ik mijn man straks zo ver krijgen nog naar u toe te komen. Dan ziet u ons nog wel.' En terwijl ze zich omkeerde naar de uitgang zei de verkoper: 'Wacht even, dan moet u man hier helemaal naar toe. En misschien heeft 'ie wel beet.' Gegiechel. 'Weet u wat... ik geef u het jasje even mee. Kan uw man het passen.' 'Dat is heel vriendelijk van u, maar we willen nog even verder de stad in.' 'Eh... een ogenblikje...' waarop de verkoper naar achter verdween... en even later terug kwam met een damesfiets. 'Ik heb vervoer voor u, zodat het u niet te veel tijd kost.' En zo is het gebeurd!

Lang verhaal kort: Pauls vrouw is met een jasje op haak en in kledinghoes naar de haven gefietst. Paul vond het hilarisch... en ze zijn naar de winkel gekomen. Het jasje is gekocht. En ook een bijpassende pantalon en twee overhemden. Nu nóg zijn ze vaste klant bij deze modezaak, veertig kilometer van hun huis. Dit verhaal heeft heel wat verjaardagen bereikt. En dit boekje.

Voor mij is dit één van de mooiste verhalen als het gaat om de combinatie van de klant lezen, inhaken, contact maken, doorvragen, creatief denken, gek doen en échte service. Service wordt omzet! Echte service is meer doen dan een klant verwacht. Een tasje, een doosje, meelopen... allemaal ingestudeerde service-elementen. Heel goed. Blijven doen! Maar de klant verwacht dat al en is eerder geïrriteerd als de doosjes op zijn.

Iemand reageerde: 'Als je dat in Amsterdam doet, ben je een jasje én een fiets kwijt.' Niet waar! De verkoper had allang geproefd dat deze dames te vertrouwen waren. Op basis van de *kwaliteit van het contact* nam hij het zeer kleine risico. Dat kan misschien minder vaak, maar óók in de grote stad.

Ik kan nog meer voorbeelden geven. Maar het gaat er niet om dat je nadoet. Maak service echt waar in jouw winkelsituatie. Dus laat je inspireren door zo'n verhaal. Met dank aan *good old* Paul.

- Service is een uitgehold begrip. Geef het een nieuwe invulling.
- Experimenteer. Bijvoorbeeld: herhaal als doorvraag alleen wat de klant zelf zegt. ('In de boot?') Ontdek hoe vaak een persoonlijk verhaaltje loskomt. Wat kun je daarmee als het om service gaat?
- Doe meer dan de klant verwacht.

Vraag

Hoe verras jij de klant door meer te doen dan hij verwacht?

28 Loop niet leeg

In een banketbakkerij vroeg ik een beetje onnozel: 'Heeft u ook losse gebakjes?' Ze verwees me naar de vitrine links, en terwijl ik daarheen sukkelde vroeg ik: 'Wat heeft u zoal?' In één machtige adem antwoordde ze zoiets als: mokkapunten-mergpijpjes-kersengebak-hazelino's-slagroomslofjes-tompoucen-bananensoesjes-en-chipolatapunten-en-is-het-voor-vandaag-want-voor-morgen-kunt-u-van-deze-lijst-bestellen.

Ik wist niet meer wat ze het eerst of het laatst had genoemd. Het was routine geworden; hoe vaak had ze gister en vandaag dit rijtje al niet opgedreund? Alsof het de tafel van vier was. De tafel van gebak.

Personeel met veel kennis heeft soms de neiging om die te spuien op een wijze dat de aanhorende klant in die kennis verzuipt. *Leeglopen* heet dat. De klant is verward, wordt juist niet geholpen en haakt wellicht af.

Handiger is het om eerst door te vragen (alweer dat woord, het verveelt) om uit je hele range producten een selectie op maat aan te bieden. Kun je altijd de blik later nog verbreden door iets aan te bieden waar de klant nog effe niet aan gedacht had. En dat is dan weer erg leuk.

Ook kun je te veel vakjargon gebruiken, waardoor de klant je niet begrijpt. Of erger: zich een no-no voelt. De klant moet dan dus dapper zijn en de drempel nemen om te vragen wat dit of dat betekent. Veel klanten zijn niet zo dapper. Je maakt het de klant onnodig moeilijk door die drempel eerst op te werpen. Je maakt de afstand groter tussen jou en de klant. Da's ronduit dom.

Of je ego is te groot: even koketteren met je kennis. Best logisch hoor, het is een mens eigen om deskundig te willen zijn. Dat geeft je autoriteit. Daarvan kan een ander zeggen 'Zo zo, dat is echt een kenner.' Wat dacht je hoe dit boekje *mijn* ego streelt?

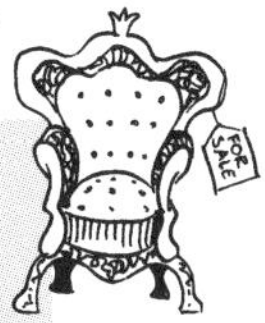

Ik besloot een tablet aan te schaffen. Op langdurige aandrang van een zoon: 'Kom op pa, je bent ondernemer, je hebt gewoon je hele kantoor bij je. En je kunt overal werken.' Ik loop niet voorop met dit soort dingen maar dacht: kom op André, je bent ondernemer, je hebt gewoon je hele kantoor bij je. En je kunt overal werken. MediaMarkt: ik kan de dialoog niet eens goed terughalen omdat er zo veel vakjargon in zat: ik herinner me woorden als Android, RAM, Flash Player, besturingssysteem... De verkoper schakelde helaas niet terug naar het niveau van: 'Deze man is een leek. Dus: eenvoudig houden en anders uitleggen.' Dat is jammer. Maar het ergerlijke was het kleinerende glimlachje waarmee hij antwoord gaf op mijn 'domme' vragen. En ik kreeg het gevoel: moet ik dat allemaal ook weten als ik zo'n ding koop? Er ontstond geen enkele basis van vertrouwen dat ik met dat ding overweg zou kunnen. Een week later kocht ik er een bij Vodafone in Alphen. Goed team daar.

Inderdaad: de elektronicabranche is hier erg gevoelig voor. De met IT-kennis-strakstaande jongelui hebben het vaak niet eens door. En o wee als de klant het toevallig iets beter weet. Of denkt te weten. Het ego is geraakt. De irritatie is geboren. Niet doen! Neem de klant mee in het gesprek door telkens even te kijken of men je nog volgt en men ook snapt wat je te vertellen hebt. Of je nog contact hebt op de inhoud.

Wat ook erg prettig is: als je een klant ontdekt met echt verstand van zaken. Dan kun je wat meer uitpakken en met hem in vakjargon spreken. Het jargon delen. En dat verbroedert. Jullie zijn beide kenners! Zo'n klant wordt óók een kennis. Zie eerdere hoofdstukken. En... maak er een sport van de klant te laten groeien! Dus niet overtroeven met kennis, maar hem/haar prijzen over iets wat jij nog niet weet. Of verbaasd zijn dat de klant het weet.

Wat dacht je van de teksten:

- 'Zo... u bent een kenner!'
- 'Leuk, leer ik nog wat vandaag.'
- 'Bedankt voor die informatie. Ik wist het niet.'
- 'Eh... we zoeken nog een kenner voor de verkoop. Interesse?'

Je kent vast wel de situatie dat een bepaald persoon dezelfde interesse heeft als jij. Mijn overbuurman Bram heeft vier oude keurig onderhouden en gepoetste scooters staan. Jaren 60 denk ik. Twee of drie maal per jaar maakt hij met een paar vrienden een tocht door Europa. Scooter*vrienden*. Bepaalde klanten kunnen je kennis-kennissen worden.

➾ Loop niet leeg!
➾ Niet te veel vakjargon, maar gebruik het als je een kenner ontdekt. Dat verbroedert.
➾ Pas maar op: straks worden je kennis-kennissen nog vrienden.

Vraag

Voel je je prettig/veilig achter een muur van kennis? Kom achter die muur vandaan!

29 Weet je hoe een Belg...

Moppen zijn niet zo mijn ding. 'Weet je hoe een Belg...?' Ik kan moppen niet onthouden, noch vertellen. Niemand lacht dan. Maar anderen zijn er dol op. Ieder zijn meug. (Hoewel...een Belgenmop... nou, vooruit dan.) Ik bedoel humor in de winkel, want daar gaat dit hoofdstuk over, wat anders is dan je klant een mop vertellen. Er wordt naar mijn smaak te weinig lol getrapt in winkels. Of gelachen met klanten. Of onderkoelde humor gebruikt. Of welke vorm dan ook. Niet alleen omdat ik erg van de levenshumor* ben, maar ook omdat het iets dóet met mensen.

Humor activeert een verwerkingsmechanisme in onze hersenen waardoor ervaringen beter worden onthouden. Nog eens lezen. Ooit overgeschreven uit een artikel van een Engelse prof die zich met levenshumor bezighield. Ga eens na bij jezelf: vaak jaren later weten we ons nog een leuke (winkel)situatie te herinneren die we op een feestje doorvertellen. En je wilt toch als persoon (en dus de winkel waar je bij hoort) onthouden en herinnerd worden? Dat kan als magneet werken: 'Leuke winkel. Daar kom ik graag.'

In een supermarkt liet ik een doos eieren vallen. Een medewerker mompelde glimlachend iets als: 'Kan gebeuren. Geeft niets.' Even later hurkte 'de jongste bediende' bij de struis en veegde die bij elkaar met keukenrolvellen. De man die kan-gebeuren-geeft-niets had gemompeld, stond ernaast. 'Jammer dat we geen vloerverwarming hebben. Hadden we een spiegeleitje gehad.' 'Ja,' antwoordde de jongen, 'Vloerverwarming. Punt op de agenda van het werkoverleg!'

Zij samen lol. Maar waarom maken ze die lol niet met de klant? *Humor verbindt!* De klant kan zich zelfs een beetje buitengesloten voelen. Ik stond twee meter verderop in het schap nog iets te zoeken. *Maak de klant onderdeel van je werkplezier door samen een voorval of grap te delen.* En je hoeft daarvoor niet de grootste lolbroek te zijn. Het kan ook heel onderkoeld en rustig.

In het sportwinkeltje bij mij in de buurt kwam ik nooit. De winkelier kende ik van gezicht, omdat hij zijn auto vaak in mijn straat parkeerde. We groetten elkaar wel eens. Toen ik toe was aan nieuwe loopschoenen had ik die grote sportzaak in het centrum al in gedachten. Toch besloot ik ook effe bij hem te kijken. De zaak was veel dieper dan ik verwacht had. En ik liep tegen een reuzewand met schoenen aan. Je kent ze wel. Het bleek een van zijn specialismen. Nog enigszins verbaasd keek ik naar de wand en vroeg aan de winkelier die was aan komen lopen: 'Eh... heeft u ook loopschoenen?' Hij liet even een stilte vallen, keek naar de wand, keek naar mij, draaide zijn hele lichaam naar de wand alsof hij die voor het eerst zag en zei: 'Verrek! Die hebben we.' We keken elkaar even stilzwijgend aan en schoten beiden in de lach.

Een beetje onderkoelde humor. En wat timing. Het ijs was meteen gebroken. Meteen gezellig. En ik heb er schoenen gekocht.

Iedereen kan lachen. Of deze opwekken bij een ander. Maar we kijken op tegen diegene die 'de lach aan hun kont hebben hangen'. En wijzen alleen hen die rol toe. Ook in de winkel. Jammer.

Een assistentmanager (a.m.) in pak en stropdas stond het heel gezellig te hebben met een klant in het gangpad van een super. Het gesprek duurde wel even. Ik zag bij de a.m. een echte lolbroek-uitstraling. Een medewerker, beetje saai typje met een stapeltje geplette dozen liep langs het duo, hield even in, zei iets tegen de klant en slofte door. Even was het stil en toen schoten ze in de lach. De a.m. als een boer met kiespijn. Bij de kassa vroeg ik die klant wat de vakkenvuller nu gezegd had. Dit: 'Je moet niet alles geloven wat 'ie zegt, hoor.'

Een vette grap? Nee. Een nieuwe grap? Nee. De lach aan zijn kont? Nee. Maar toch... Oog voor de humor die in alle dingen zit. En deze toegepast. Subliem. Je hoeft geen cabaretier te zijn.

Een klant vroeg aan een kaasboer in zijn speciaalzaakje, wijzend op iets in de koelvitrine: 'Is dit vers?' De kaasboer keek richting de achterdeur van de winkel, keek nog eens goed en zei vrolijk: 'De koe loopt net weg!'

Ik vond het fantastisch. Waarom? Ik heb veel voor de kleine foodspeciaalzaken gedaan: kaas-noten jongens, groenteboeren, bakkers en slagers. En wat deze vakmensen altijd weer mateloos irriteert is 'de vers-vraag'*. Zeker: het is een aanval op je vak: 'Denkt u dat we hier troep verkopen?' Een echte valkuil voor deze ambachtslieden die de liefde voor hun product met de paplepel kregen ingegoten. Maar ja, wat win je met deze irritatie? De kaasboer hierboven had een humoristische oplossing ontdekt. (Zoiets ontstaat vaak.) De lach in plaats van de irritatie. Natuurlijk kan dit een standaardgrapje worden. Nou en? Als het met verve en niet bij dezelfde klant gebruikt wordt... klasse! Dat is het spel.

Wij doen interactief theater. Wat betekent dat er wel eens mensen uit de zaal opeens meedoen op het podium. Ik heb dan de neiging om van een man met een enorm dikke buik een running gag* te maken. Fout! Mijn collega corrigeert me er gelukkig in. 'Eén keer is leuk André!' Ook heb ik wel eens een fout grapje gemaakt over een hele grote dame! Fout. Ook al is het lichtvoetig bedoeld: *nooit grapjes over het uiterlijk van een dame.* Ik ben aan mijn vijfde huwelijk toe.

Met humor kan het dus wel eens mis gaan. Ik spreek uit pijnlijke ervaring.

Advies 1:
Speel niet te veel op de man. Een beetje kan best leuk zijn.

Advies 2:
Bied meteen je welgemeende excuus aan. Wees dapper! Dat maakt al veel goed. 'Sorry voor wat ik net zei. Dat was niet netjes.' Zeker de lolbroeken onder ons zijn gewaarschuwd! Niet wegduiken of even naar achter vluchten tot de klant weg is! Want deze belediging wordt echt doorverteld: 'In díe winkel staat een eikel! Ik kom hier nooit weer.' Ook ná een excuus wordt het doorverteld, maar meestal ook wel dat er excuus is gemaakt. Eén troost: de vrouw die zegt dat ze 'hier nooit meer komt!' liegt meestal.

- Humor maakt het winkelleven zo veel leuker, voor beide partijen.
- Humor is een bloedserieuze zaak. Gebruik het als verkooptool.

- Humor wordt herinnerd, maar sla niet door in het persoonlijke.
- Wees een held en maak je excuus voor een verkeerd gevallen opmerking.
- Wees een volgende keer voorzichtiger, maar stop niet met lol maken met klanten.
- Humor. *The most serious thing there is.*

Vraag

Wanneer heb jij voor het laatst vette pret gehad met een klant? Wordt het niet weer eens tijd?

30 Durven!

Er wordt me nog wel eens een restrictie opgelegd door een event-bureau. Zij huren ons improvisatietheater in voor *hun* klant. 'Als er maar niets gezegd wordt waar de klant van schrikt' wordt me dan ingefluisterd. 'Het mag niet te streng.' Die dingen. Het overkomt me ook wel eens bij een powerspeech voor winkelpersoneel. Dit voorjaar nog.

De ondernemer sprak mij vlak voor aanvang indringend toe. 'André, nog even dit: we zijn hier gewend ABN te spreken. Netjes graag!' Ik vind niet dat ik niet-netjes spreek, maar kan soms best direct zijn. En deze man was zelf erg voorkomend. Ik liet zijn waarschuwing wat langs me heen gaan en voer mijn eigen koers. En dat is inderdaad niet altijd Algemeen Beschaafd Nederlands. Maar gelukkig was de avond een succesje. En de ondernemer hoorde ik niet meer. Het succes had hem van zijn angst genezen.

Niet dat ik nooit over het randje ben gegaan. Best wel. Ik gaf al eerder een voorbeeld. Over het randje gaan is erg vervelend, maar niet zo erg als alle risico te mijden. Als je alle risico's mijdt, blijf je zitten waar je zit en heb je dit boekje voor nop gelezen. Gezien 'de bedreigingen van de markt' zou dat risico groter zijn. Veranderen, verbeteren gaat gepaard met een zekere angst. Maar is ook een must.

Doordat de ene helft van de mensheid angsten kent, heeft de andere helft een goedlopende praktijk in allerlei vormen van coaching en ondersteuning. Angst is een normale, gezonde menselijke factor. Het behoedt ons voor gevaar. Ikzelf zou nooit willen bungeejumpen. Maar abseilen zou ik wel doen. Niet omdat het een groot verlangen is, integendeel. Maar om mijn grenzen van angst wat te verleggen. Dan maar met een natte broek. Vliegangst is ook aan te pakken.

Het zou prachtig zijn als je geïnspireerd door dit boekje je grenzen wat durft te verleggen. Het eens wat anders te doen. **Durven.** In de humor, in het contact, de routine eens bewust doorbreken, of wat dan ook. Verleg je grenzen. Verzet je bakens. Verkoop wordt nog leuker! En je omzet groeit.

Voor een kleine bakkersketen in de Zaanstreek eind jaren 90 speelden wij een theaterprogramma over 'anders verkopen'. Een maand na het programma kreeg ik een mailtje van de directrice: 'André, ik weet niet hoe jullie het doen, maar we hebben deze maand acht procent geplust en op het Purmerplein 21!'

Het kan! De winkeldames op het Purmerplein hadden het opeens begrepen. Het muntje was gevallen! Zó geweldig. Door een andere klantgedrevenheid meer plezier en meer omzet. Zulk resultaat is dan weer *mijn* werkplezier.

Met een 'maatje in zaken' zat ik bij een club die een aantal modeketens exploiteerde. Ik zat er als creatieve plurk, mijn maat als verkoper, hoewel hij dat woord verafschuwt. Ook zijn filosofie is er een van contact maken. De verkoop komt wel.
We spraken met een pittige dame van HRM/opleidingen. Ik ben meer van de winkelverkoop. Dit soort gesprekken vind ik doorgaans moeilijker. En ook iets standaards hebben. Koffie, voorstelrondje, wat doen jullie, wat doen wij, is er iets waar we jullie mee kunnen helpen, doorvragen, aan welke prijs moeten we denken, afscheid nemen, offerte sturen en het beste er van hopen. Maar dan mijn maat! Halverwege zette hij het gesprek opeens stil, door aan mij met een grijnsje te vragen: 'En André, hoe vind je het gesprek gaan tot nu toe..?' Ik was verbaasd, voelde ongemak en moest toen lachen. En de dame ook. We improviseerden met zijn drieën nog even vrolijk door op het antwoord.

Dit was de *twitch* in een standaardgesprek. Een gesprek dat een totale wending kreeg en veel persoonlijker, opener en luchtiger werd. Mijn maat doorbrak de routine. Hij *durfde* het gewone te doorbreken. Dat deed zo veel meer. Voegde toe.

Natuurlijk kan iets mis gaan. Dat hoort bij experimenteren. Maar er vallen geen doden zoals bij het testen van de eerste vliegtuigjes. Wat jammer is dat de angst voor missers wel eens te groot is. Maar wij mensen hebben die missers hard nodig om minder te gaan missen. En jezelf dus beter te maken. Elke vergissing voor het eerst gemaakt is een belangrijke stap vooruit!

- Durf het eens anders te doen. Wat kan er nou eigenlijk gebeuren?
- Lees nog eens wat na uit dit boekje en pak bewust eens iets bij de kop. Experimenteer.
- Doe het samen. Dat versterkt een verbeterproces.
- Durf missers te maken. Leerzaam. Om minder te gaan missen.
- Elke eerste vergissing is een stap naar verbeteren.

Vraag

Wat ga jij uit dit boekje omzetten in daden? Noteer er drie.

Verklarende woordenlijst

Geen Van Dale niveau. Maar verklaart wel het een en ander.

Amatriciana - Een pennenpasta met van alles en ook spek.

Big shopper - Grote boodschappentas. Die van Dirk is een begrip. Ik zag André van Duin er pas nog mee in een gelegenheidsact. Het logo werd geblurd.

Blended shopping - Mixen van fysiek en digitaal winkelen. Clicks en Bricks. Cross-channel.

Blijde boodschap - Boodschappen doen moet een blij gevoel geven. Aan klant en verkoper!

Blijde Boodschap - Lees het boek Lucas uit de bijbel.

Blijmaker - Iemand die erop gericht is klanten blij te maken, in plaats van artikelen te verkopen.

Broekpaling - Je denkt dat je een vis aan de haak hebt, maar als je de hengel ophaalt blijkt het geen vis, maar waterplanten te zijn.

De vers-vraag - Klant: 'Is dit vers?' Zo veel ambachtsmannen ergeren zich daaraan. Alsof ze bedorven waar verkopen...

DeMoederVan - De basis. Waaruit al het andere voortkomt. Gebaard wordt. Ik hoorde deze uitdrukking voor het eerst van Saddam Houssein.

DM-bureau - Soort reclamebureau.

Doza - Donderdagavond-zaterdaghulp. Vroza's heb je ook en zelfs woza's komen voor. Je kunt het denigrerend uitleggen, maar is niet zo bedoeld. Het bekt gewoon lekker.

Freubelmoeders - Vrouwen die dol zijn op het in elkaar knippen en plakken en schilderen van knutselwerkjes, in het bijzonder wenskaarten. Vaak dames die er de tijd voor hebben omdat de kinderen het huis uit zijn. Mijn moeder bijvoorbeeld.

Gejamaar - Natuurlijk zijn overal uitzonderingen op. Daar mag je dan zelf een boekje mee vol schrijven. Ik ga het kopen. Maar het gaat mij in dit boekje om de positieve gerichtheid van de winkelverkoop.

Grijze golf - 65-plussers die de tijd aan zichzelf hebben en genieten van hun geld uitgeven tot de dood erop volgt.

Gungedrag - Het gedrag dat je iemand iets gunt. Dus zonder eigenbelang. Dat doe je vaak bij mensen die je graag mag, bijvoorbeeld een kennis. Naar de winkel vertaald: je gunt een verkoper de koop op basis van zijn gedrag.

HACCP - *Hazard Analysis and Critical Control Points*. Een hygiënecode waaraan bedrijven en instellingen die met voedsel te maken hebben moeten voldoen. In de basis heel goed. Denk maar aan controles op Koninginnedag. Vaak ook akelig ver doorgevoerd.

Het winkelgrijnzen - Het geforceerde lachen vanuit de filosofie dat je altijd moet glimlachen in je winkel. De zogenaamde tandpastalach*.

Ik - Het maakt een mens niet sympathieker om veel over zichzelf te kletsen. Toch is dit boek vol met 'ik', omdat het ervaringen van de mysteryguest zijn. En dat ben ik. Van daaruit schrijf ik. Sorry.

Internetluchtje - Je ruikt bij bepaalde klanten dat ze alleen komen informeren met het plan via een webshop te kopen.

JSM'ers - Jouw Soort Mensen. Jouw eigen types.

Keurslijf - Van Dale: belemmerende bepaling, aangeleerde normen.

Klanten lezen - Het losjes waarnemen van klanten en er informatie uit lezen om contact te maken. Dus niet begluren. Ooit op mijn stageadres was er een directeur die een vrouwelijke klant die binnenkwam nadrukkelijk van boven tot onder opnam. Vleeskeuring. Dat soort lezen bedoel ik natuurlijk niet.

Klantgedrevenheid - Een soort milkshake van klantvriendelijkheid, klantgerichtheid, service, enthousiasme en passievrucht.

Korting - Lees het boekje van Jos Burgers: *Geef nooit korting.*

Krotenkoker - Zie www.hetnieuwevloeken.nl. Een aan te bevelen initiatief. Een goed alternatief voor de vergroving van onze taal.

Levenshumor - De humor die in alledaagse dingen zit. Ik kan al grinniken om het bordje: 'Pas op, bij nat weer gladde trap'.

Daar zijn ze dus achter gekomen nadat er eerst een paar mensen op hun plaat zijn gegaan.

Me-too - 'Ik hou van de muziek van Elbow.' 'O ja? Ik ook!' En dat maakt al meteen een bepaalde klik.

MieriksworteI - Kruidenpasta in een klein potje. Geen idee aan welk gerecht dit iets toevoegt.

Mimiek - Dat wat je gezicht uitdrukt.

Mysteryguest - Iemand die zich voordoet als klant. En zich daarmee de mogelijkheid verschaft de winkel en het personeel in de praktijk te testen.

Onzekerheidsfactor - Je kunt iets kopen waarvan je weet dat je pas in het gebruik erachter komt of het voor jou een goede aankoop is geweest. Dus geeft wat onzekerheid tijdens de koop.

Piscine - Ik bedoelde zwembad. Maar gebruikte het Franse woord. *Schwimmbad* dus.

Platje - Geen schaamluis, maar mijn terras op één hoog van vier bij vier.

Powerspeech - Een vernieuwd woord voor peptalk. Wouter van der Meijde kwam ermee.

QR-code - *Quick Response-code*. Deze tweedimensionale code is door een smartphone te spotten en je krijgt informatie of een filmpje die aan de QR gekoppeld is.

Ramscontacten - Ja, dat staat er meteen achter: dat zijn vluchtige routinematige contacten.

Running gag - Een grapje waar tijdens de voorstelling op doorgeborduurd wordt. De grap herhaalt zich.

Schemadenkers - Als schemaatjes je enige houvast zijn. Dat je zelfs bang bent ervan af te wijken. Met als het gevolg versaaiing en suffe routine.

Spiegelen - De klant vrolijk, jij vrolijk. De klant koeltjes, jij koeltjes.

Tandpastalach - Zie: het winkelgrijnzen.

Terechte jamaren - Er zijn terechte jamaren. Ik ben zeer begaan met de ondernemers die door criminelen (voor de zoveelste keer) worden gepakt. Die teneur in het winkelbedrijf zie ik wel. Dan ga je anders in de winkel staan. Ik sta ook achter het winkelpersoneel dat met enig geweld een winkeldief tegen de stoep werkt, ook al overschrijdt het personeel daarmee de regeltjes. Chapeau! Tegen een pistool kun je niet op. Daarnaast moet ook gezegd dat door een bepaalde houding crimineel gedrag de ruimte krijgt. Het 'kleine criminele werk' kan voorkomen worden.

Tetterbellen - Dat woord komt bij me op wanneer ik weer een stel van die te hippe verkoopsters bij de winkelbalie het weekend, de feestjes, de vriendjes of de familie hoor doornemen. Ga toch ergens in een magazijn werken!

Theo - Een eigenzinnig brilmonturenmerk uit België.

Tyfus - Een ernstige ziekte die je alleen in bepaalde grote steden krijgt toegewenst. Dit was in Den Haag.

Verkoper - Dit woord kom je veel tegen in dit boekje. Maar eigenlijk een rotwoord. Je denkt meteen aan 'kassa!' Terwijl die denkwijze nu juist de verkoop verstoort. Liever heb ik het over winkelbediende. Maar dat is weer ouderwets. Of dienstverlener. Of blijmaker. Of... Na nog wat varianten overwogen te hebben kies ik voor een gemaksbegrip: de verkoper.

WDSP: Wie De Schoen Past... Er zijn lezers die al veel voortreffelijk doen. Die hoeven de schoen niet aan te trekken.

Wildslapen - Ergens slapen in tent of camper buiten kampeerterreinen. Bijvoorbeeld een landweg of een plekje in een afgelegen stukje bos, wat eigenlijk niet is toegestaan. Net als wildplassen.

Lijst van literatuur

- Veel winkels lezen.
- Veel verkopers lezen.
- Veel klanten lezen.
- Allerlei boekjes door de jaren heen.

Mocht iemand zijn eigen teksten teruglezen: dank voor het lenen. Ik zou niet meer weten van wie of waar ik het heb opgepikt. Leen ook gerust mijn teksten.

Met dank aan

elke winkelmedewerker die ik tijdens het mystery shoppen mocht ontmoeten. Een bron van inspiratie!

En natuurlijk Heidi!

Retaildenkers denken als een retailer zou moeten doen. Klantgericht dus. Auteurs en uitgevers Rupert Parker Brady en Maarten Beernink hebben daar gemeend een reeks boeken over te moeten schrijven. De zeer leesbare reeks vertelt over het klantgericht denken van onder meer Philippe Vorst (New York Pizza), Karel van Eerd (de oprichter van Jumbo), Roland Kahn (oprichter van Cool Cat) en Paul Bringmann (de bedenker van La Place). Allemaal op basis van lange interviews met deze mannen zelf.

De klant is GEEN koning past eveneens goed in dit fonds en zo kwamen André, Rupert en Maarten bij elkaar. Aangevuld met de expertise van Paul 't Mannetje en zijn collega's werd dit een project waar één ijkpersoon steeds in het achterhoofd werd gehouden: de klant. Of beter, u de lezer. Weten welke klantgerichte boeken Retaildenkers nog meer heeft uitgegeven? Of actuele blogs lezen over klantgericht ondernemen?
Kijk en koop op www.retaildenkers.nl.

ANDRÉ TROOST klantengek

Gratis videotraining?

Kijk eens op de website van de uitgever: **www.hetboekenschap.nl/klantengek**. Daar geeft André Troost videotrainingen voor winkelpersoneel. Troost in 90 seconden. Troost zet je aan het denken en helpt je om het werk in de winkel leuker te maken en te houden. De eerste serie bestaat uit 11 video's en een groot deel daarvan ontvang je geheel gratis in je mailbox!

Zin in retailtheater?

Troost verzorgt op verzoek in company retailtheater. Kijk op www.klantengek.nl om Troost te boeken of om meer informatie op te vragen.

Nazorg nodig?

Heeft u naar aanleiding van dit boekje nazorg nodig of wilt u gewoon eens doorpraten, dan bent u van harte uitgenodigd. Moet het wel gaan over powerspeeches, entertrainingen of coaching van winkelpersoneel. Van directie tot doza's.
www.klantengek.nl.

Meer Troost

Helaas, André Troost heeft niet doorgeleerd. Hij is een doener, een belever. Werkt vanuit actie en reactie en niet vanuit schemaatjes, maniertjes en dikke managementboeken. Gek op winkels en winkelen vertaalt hij zijn ervaringen als mysteryguest naar humoristische workshops, powerspeeches en theaterstukken. En naar dit boekje. Het gaat dan ook alle kanten op. Want zo is Troost. En daarom inspireert hij zo. Als reclamejongen, mysteryguest, entertrainer en theatermaker.

Troost werkt dertig jaar voor de retail. Van de fietsenmaker op 't pleintje tot grote bekende winkelketens. Als hij maar kan bijdragen aan meer winkelplezier. Bezoek de klantengek eens op **www.klantengek.nl** (bijvoorbeeld voor de gratis videotraining die je daar kunt vinden).